医院档案管理与信息化建设研究

王晨琛　赵奕博　贾志亮◎著

文化发展出版社
Cultural Development Press
·北京·

图书在版编目（CIP）数据

医院档案管理与信息化建设研究 / 王晨琛，赵奕博，贾志亮著．— 北京 ：文化发展出版社，2023.10

ISBN 978-7-5142-4135-8

Ⅰ．①医… Ⅱ．①王… ②赵… ③贾… Ⅲ．①医院－档案管理－信息化建设－研究 Ⅳ．① G275.9

中国国家版本馆 CIP 数据核字 (2023) 第 208757 号

医院档案管理与信息化建设研究

王晨琛　赵奕博　贾志亮　著

出 版 人：宋　娜

责任编辑：侯　娜　　　　责任校对：岳智勇

责任印制：邓辉明　　　　封面设计：守正文化

出版发行：文化发展出版社（北京市翠微路 2 号　邮编：100036）

网　　址：www.wenhuafazhan.com

经　　销：全国新华书店

印　　刷：天津和萱印刷有限公司

开　　本：710mm×1000mm　1/16

字　　数：200 千字

印　　张：11.5

版　　次：2024 年 1 月第 1 版

印　　次：2024 年 1 月第 1 次印刷

定　　价：72.00 元

I S B N：978-7-5142-4135-8

◆ 如有印装质量问题，请电话联系：010-58484999

前　言

医院档案管理工作是医院管理的重要组成部分，将医院档案管理与信息技术相联系，努力实现医院档案信息化建设已成为众多医院档案管理部门的目标。但是，在医院档案管理与信息化建设的过程中，由于档案管理水平不高、医院对信息化设备投入不足、档案管理工作人员对档案资料的认识不到位等，致使医院档案管理工作出现一些问题。在医院档案管理过程中融入信息技术，能有效降低医院的人力、物力以及财力等成本，提升医院的现代化管理水平，但档案信息化建设离不开专门的制度和专业的人才等，只有具备这些条件，才能保证医院档案管理与信息化建设工作的顺利进行。

全书共七章。第一章为绪论，主要阐述了管理与医院管理、医院档案管理的作用、医院档案信息化建设的意义等内容；第二章为医院档案管理的基本理论，主要内容为档案管理概述、医院档案管理的分类、医院档案管理的基本要求等；第三章为医院档案管理的基本内容，主要阐述了医院教研室与临床实验室档案管理、医院科研信息档案管理、医院病历档案管理、医院人事档案管理、医院医学装备档案管理、医院固定资产档案管理、医院后勤与设备档案管理等内容；第四章为医院档案信息化建设的基本理论，主要内容为医院档案信息化建设概述和医院档案信息化建设的理论基础等；第五章为医院档案信息化建设的现状，主要阐述了医院档案管理面临的机遇与挑战、医院档案信息化建设取得的成效、医院档案信息化建设存在的问题等内容；第六章为医院档案信息化建设的原则、过程和策略，主要阐述了医院档案信息化建设的原则、医院档案信息化建设的过程和策略等内容；第七章为新医改背景下医院档案管理的改进，主要阐述了新医改对医院档案工作的新诉求和新医改背景下医院档案管理的改进策略等内容。在撰写本书的过程中，笔者借鉴了国内外很多相关的研究成果，在此对相关学者、专家表示诚挚的感谢。由于笔者水平有限，书中有一些内容还有待进一步深入研究和论证，在此恳切地希望各位同行专家和读者朋友予以斧正。

目 录

第一章 绪论

医院档案是医院管理中的组成部分，也是医院历史进程的见证、记录。面对逐渐激烈的竞争，怎样强化医院档案管理，怎样为科研、教学以及医疗服务，使档案管理实现信息化，是当下医院档案管理人员需深入分析的问题。本章围绕管理与医院管理、医院档案管理的作用、医院档案信息化建设的意义等内容展开研究。

第一节 管理与医院管理

一、管理

（一）管理的概念和特点

1. 概念

从字面上讲，管理就是管辖和处理的意思。管理作为一个科学概念，到目前为止还没有一个统一的为大多数人所接受的定义。由于国内外专家、学者研究管理时的出发点不同，他们对管理所下的定义也就不同，但都从某个侧面反映了管理的不同内涵。强调工作任务的人认为，管理是由一个或多个人来协调其他人的活动，以便收到个人单独活动所不能收到的效果。强调管理者个人领导艺术的人认为，管理就是领导，基于组织中的一切有目的的活动都是在不同层次的领导者的领导下进行的，组织活动是否有效，取决于这些领导者个人领导活动的有效性。强调决策作用的人认为，管理就是决策。还有许多专家、学者对管理下了很多定义，如美国管理学家哈罗德·孔茨（Harold Koontz）在其《管理学》一书中指出，管理就是设计和保持一种良好环境，使人在群体里高效率地完成既定目标[①]；

① 孔茨，奥唐奈．管理学[M]．中国人民大学工业经济系外国工业管理教研室，译．贵阳：贵州人民出版社，1984．

美国管理学教授斯蒂芬·P. 罗宾斯（Stephen P. Robbins）等人认为，管理是指同别人一起，或通过别人使活动完成得更有效的过程[①]；伊利诺伊大学博士丹尼尔·A. 雷恩（Daniel A.Wren）认为，管理是指管理者为有效地达到组织目标，对组织资源和组织活动有意识、有组织、不断地进行的协调活动[②]。

管理要解决的本质问题是有限资源与组织目标之间的矛盾。管理通常是指在特定环境下，通过计划、组织、控制、激励和领导等活动，协调人力、物力、财力和信息等资源，以期更好地实现组织目标的过程。其包含以下四层含义：管理采取的措施是计划、组织、控制、激励和领导这五项基本活动，又被称为管理的五大基本职能；通过五项基本活动，对人、财、物、信息、时间等资源进行有效的协调与整合；管理作为一种有目的的活动，必须为有效实现组织目标服务，以使整个组织活动更加富有成效，这也是管理活动的根本目的；管理活动是在一定的环境中进行的，环境既给管理创造了一定的条件和机会，同时也对管理形成一定的约束和威胁，有效的管理必须充分考虑组织内外的特定条件。

2. 特点

（1）管理具有必然性

管理是共同劳动的产物，在社会化大生产条件下得到强化和发展，广泛适用于社会的一切领域，已成为现代社会极为重要的社会功能。随着生产力的发展和人类社会的进步，资源与目标之间的矛盾越来越复杂，管理的重要性也更加突出，管理越来越成为经济社会发展的关键因素。当今世界，各国经济社会发展水平的高低在很大程度上取决于其管理水平的高低。

（2）管理具有两重性

一种是与生产力相联系的管理的自然属性，另一种是与生产关系相联系的管理的社会属性。管理的自然属性是指通过组织生产力、协作劳动，使生产过程联系为一个统一的整体所必需的活动，并取决于生产力发展水平和劳动社会化程度。同时管理又是管理者维护和巩固生产关系，实现特定生产或业务活动目的的一种职能，这是管理的社会属性，取决于社会关系的性质和社会制度。

① 罗宾斯，库尔特. 管理学[M]. 11版. 李原，孙建敏，黄小勇，译. 北京：中国人民大学出版社，2010.

② 雷恩，贝德安. 管理思想史[M]. 6版. 孙建敏，黄小勇，李原，译. 北京：中国人民大学出版社，2014.

（3）管理具有不确定性

影响管理效果的因素往往很多，而许多因素是无法完全预知的。其中最难以精确把握的就是人的因素，包括人的思想、个性和人际关系等，都是管理的主要对象，但同时又都是不确定和模糊的。所以类似这种无法预知的因素造成管理结果的不确定性。

（4）管理具有系统性

组织作为一个整体是由各要素的有机结合而构成的。在进行管理时，经常需要考虑各要素之间的关系，以及单个要素变化对其他要素和整个组织的影响，以全局和联系的方式来思考和解决问题。

管理既是科学又是艺术。管理是一门科学，它具有科学的特点，即客观性、实践性、理论系统性、真理性和发展性。管理的科学性在于其强调客观规律，研究对象和管理规律均客观存在。管理也是一门艺术，能够像艺术一样，通过熟练地运用知识和技能来达到某种效果，具有实践、创新、原则性和灵活性等特点，符合艺术的特点。

（二）管理的模式

管理的模式是在管理理念的指导下建构起来的，是由管理方法、管理模型、管理制度、管理工具、管理程序组成的管理行为体系结构。常见的管理模式包括科学管理、目标管理、人本管理、问题管理、精细化管理、标准化管理、扁平化管理、规范化管理、信息化管理、目视化管理、网格化管理、矩阵式管理、家族史管理、可靠性管理、成本管理、卓越绩效管理、战略管理、教练式管理、走动式管理、“推动式”管理、狼性管理等。

（三）管理的原则

管理的原则体现了组织活动的一般规律，是人们在管理活动中为达到组织的基本目标而在处理人、财、物、信息等管理基本要素及其相互关系时所遵循和依据的准绳。具体有哪些原则，是仁者见仁、智者见智。有人提出四大原则，即积极的东西是从上往下走、消极的东西是从下往上走；不以自己的喜好来用人；不带情绪来处理问题；领导管人、流程管事。

有人提出了八大原则，即以人为本的原则、效率与效果的原则、质量为天的原则、管理哲学与管理技术相结合的原则、重创新与科技的原则、利润与社会责任并重的原则、调动员工最大积极性的原则、企业产品让顾客需求满足的原则等。

法国古典管理理论学家亨利·法约尔（Henri Fayol）甚至提出了十四条管理原则，即劳动分工原则、权利与责任原则、纪律原则、统一指挥原则、统一领导原则、个人利益服从整体利益的原则、人员的报酬原则、集中的原则、等级制度的原则、秩序原则、公平原则、人员的稳定原则、首创精神、团队精神等。

面对众多原则，管理最基本的原则应该是“用力少，见功多”，即以较少的资源、耗费，取得较大的效果。管理的意义在于更有效地开展活动，改善工作，更有效地满足客户的需要，提高效果、效率和效益，以最优的投入获得最佳的回报，以实现目标。

二、医院管理

（一）医院的分级与分类

我国的医院种类繁多、规模不一，技术水平与服务能力的差别也较大。

医院按管理水平和技术能力分为三级（一、二、三）、三等（甲、乙、丙）。级别越高，等级越高，三级甲等最高，三级乙等次之，余下依次排列。一般来说，县、区级医院是二甲，地、市、州级医院是三甲，如北京协和医院、四川大学华西医院等属于特级三甲。

一级医院：是直接向一定人口的社区提供预防、医疗、保健、康复服务的基层医院、卫生院。

二级医院：是向多个社区提供综合医疗卫生服务和承担一定教学、科研任务的地区性医院。

三级医院：是向几个地区提供高水平专科性医疗卫生服务和执行高等教学、科研任务的区域性以上的医院。

每隔几年，政府就要对等级医院进行评审或复评。医院按所有制分为公立医院和私立医院。公立医院是名义上的非营利性医院，它们的医疗价格有严格的限制，接受国家或多或少的补贴。私立医院一般属于营利性医院，自负盈亏，服务项目、医疗价格自主决定，但如果纳入医保体系，也要遵守政府规定的价格限制。

按照功能与性质，医院又可分为综合医院和专科医院。

综合医院的服务范围较广，至少要设置内、外、妇、儿科四大科室，以及相应的医技部门，如检验、放射、超声等。规模越大，设置的学科就越细，收治的病种就越多。

专科医院，一般是指对收治疾病范围有一定限制的医院。这些医院在该专业学科领域内，在诊断和治疗上处于相对领先地位，技术力量雄厚，仪器设备先进、齐全，进行专门的研究与治疗，疗效卓著，配备专门的医务人员，为患者提供有针对性的、特殊的医疗服务。如传染病医院、精神病医院、肿瘤医院、妇产医院、儿童医院、口腔医院、整形美容医院、骨科医院、心血管医院、康复医院、职业病防治医院、眼科医院等，都属于专科医院。

（二）医院管理学的含义

研究医院管理现象及其规律的科学称医院管理学，其研究对象主要是医院系统及其各个层次的管理现象和规律，同时也要研究医院系统在社会大系统中的地位、作用和制约条件。

（三）医院管理的含义

医院管理是医院在医疗、教学、科研活动中各项管理职能的总称。在人类活动中管理处处存在，医院管理是管理中的一种，它是按照医院工作的客观规律，运用现代管理理论和方法，对人、财、物、信息、时间等资源，进行计划、组织、指挥、协调、控制，充分发挥整体运行功能，以取得最佳医疗效果的管理活动过程。

（四）医院管理的职能

1．计划职能

计划职能是管理的首要职能。计划是对未来方案的一种说明，包括目标、实现目标的方法与途径、实现目标的时间、由谁完成目标等内容，是管理工作中必不可少的重要内容。

计划贯穿于整个管理工作中，具有如下特点：目的性，即计划工作为目标服务；第一性，管理过程中的其他职能都只有在计划工作确定了目标后才能进行；普遍性，计划工作在各级管理人员的工作中是普遍存在的；效率性，计划要讲究经济效益；重要性，计划是管理者指挥的依据，是进行控制的基础。

计划职能也是医院管理的首要职能，主要包括确定医院目标、实现目标的途径和方法等，而目标又可分为医院的整体目标和部门的分目标。按照计划所涉及的时间分类，计划可以分为长期计划、短期计划和中期计划。长期计划是战略性计划，它规定医院在较长时期的目标，是对医院发展具有长期指导意义的计划。短期计划通常是指年度计划，它是根据中长期计划规定的目标和当前的实际情况，对计划年度的各项活动所做出的总体安排。中期计划介于长期计划和短期计划之间，是指今后一段时间内医院的发展步调、重点任务等。

按照计划内容来分，计划可分为整体计划和部门计划。整体计划是对整个医院具有指导意义的计划，如医院总体发展计划等。部门计划是医院科室和部门的工作计划，如医疗计划、药品计划、财务计划、人员调配计划、物资供应计划、设备购置计划、基建维修计划等。

计划工作是一种特定的管理行为，是医院各级管理者所要完成的一项工作，是一种预测未来、设计目标、决定政策、选择方案的连续程序。所以，在制订计划时，要进行调查研究和预测，并在分析比较的基础上，做出最优的选择。

2. 组织职能

组织是为达到某些特定目标，经由分工和合作及确立不同层次的权利和责任制度而构成的人的集合。为了实现目标，要建立有效的、连续性的工作系统。这个系统包括体制的建立，工作人员的选择和配备，职务、权限和责任的规定，工作制度和规范的建立，同时建立有效的指挥系统，使工作顺利开展。组织有以下基本含义：目标是组织存在的前提，组织是实现目标的工具，分工和合作是组织运转并提高工作效率的基本手段，组织必须具有不同层次的权利和责任制度，组织这一工作系统必须是协调的。

医院组织是指为了实现医院目标，以一定的机构形式，将人员进行有机组合，并按一定的方式与规则开展工作的集合体。医院组织是组成医院的基本机构，是医院进行各项活动的基本条件，也是整个医院管理的基础。医院组织设置的原则主要考虑以下几点：管理宽度原则，一个领导者有效指挥下属的人数是有限的；统一指挥原则，一个人只能接受一个上级的命令和指挥；责权一致原则，赋予责任的同时，必须赋予相应的权利；分工协作的原则，按照不同的专业和性质进行合理分工，各部门也要协调和配合；机构精简原则，在保证机构正常运转的情况下配置少而精的管理人员。

医院组织机构的设置，要从医院的工作性质和任务规模出发，适应自身的职能需要。组织工作就是为了实现医院的共同目标，为了建立有效的、连续性的工作系统所采取的行动过程。

医院组织工作的一般程序为确定医院目标、设置组织结构、合理配置资源、授予相应的权利和责任、协调各方关系等。

3．激励职能

激励是指人类活动的一种内心状态，它具有激发动机，引导个体实现预定目标的作用。激励有助于激发和调动职工的积极性，这种状态可以促使职工充分地释放能量，产生一系列积极的行为；有助于职工将个人目标与组织目标统一起来，促使职工为完成工作任务做出贡献；有助于增强组织的凝聚力，促进内部各组成部分的协调统一。

医院管理者要对职工进行培训和教育，充分激发职工的积极性、创造性，使其不断提高业务水平，更好地实现目标。正确的激励应遵循以下原则：目标结合的原则，将医院的组织目标与个人目标较好地结合，使个人目标的实现离不开实现组织目标所做的努力；物质激励与精神激励相结合的原则，既要做好工资、奖金等基本物质保障的外在激励，也要做好提高职工自尊心的内在激励；正负激励相结合的原则，即运用奖励和惩罚两种手段进行激励。

目前，医院激励职工的手段包括四种：第一种，物质激励。在物质激励中，突出的是职工的工资和奖金，通过金钱的激励作用满足职工最基本的需要。第二种，职工参与管理。职工参与管理是指在不同程度上让职工参与组织决策和各级管理工作的研究和讨论，使职工体验到自己的利益同组织利益密切相关，进而产生责任感。职工代表大会是目前医院职工参与管理的主要形式之一。第三种，激发工作成就感。使工作具有挑战性和富有意义，满足职工的内在需求，也是激励的一种有效方法。第四种，建设医院文化。通过建设富有特色的医院文化，增强职工的凝聚力和归属感，从精神上激励职工产生自尊和责任感。

（五）医院管理的内容

1. 医院人文管理

（1）人文管理的含义

人文管理的管理对象是人，它的本质是在了解人的不同需求的基础上，对人展开具有差异性的系统管理。所以，人文管理主要强调的是人，它是一种关注人的管理方式。

人文管理与科学管理二者之间存在强烈的对照关系。人文管理主要强调的是人，是一种以人为核心而展开的管理。在管理的过程中它更加注重激发人，让人迸发出积极性和自觉性。每个人在发展的过程中都会萌发出不同的想法，进行人文管理就是在了解人的不同想法的前提下，运用科学的方式保证人的需求得到满足。在此基础上，努力激发人的工作激情，促进人的创新性工作思维的形成，最终帮助企业不断提升自我竞争力。从分析人文管理的核心中也能够了解到，人文管理充分地肯定了人的价值和人的能力，它认为人能够在很大程度上促进企业的良好发展，推动社会的整体进步。

在医学人文管理中，人文关怀是主旋律，具体的内容包括对工作人员的人文管理，以及对患者的人文服务两大方面。对工作人员的人文管理指的是，充分地关心、关注、关怀工作人员。对患者的人文服务则代表着，给予患者充分的关怀，运用个性化的服务满足患者的不同需求。其中，做好对工作人员的人文管理是核心，只有让工作人员体会到关怀，他们才能够将关怀传递下去，延伸到每一位患者身上。

人文精神是人文管理的核心，人文精神指的是充分关注人，包括关注人的人格、尊严、命运等内容，并从精神的层面出发，了解人的理想和信念，给予充分的肯定。医学的人文精神需要从具体的工作内容出发，做到关怀每一位患者，尊重他们的生命，重视他们的生命价值。

此外，医院还需要从人文管理的核心出发，制定良好的管理策略，在医院内部营造良好的人文氛围，使所有的工作人员都感受到人文关怀，最终激发工作人员的工作激情，运用自己的优质服务为患者带去爱。

(2) 医院人文管理的本质

科学管理理论是由美国发明家弗雷德里克·温斯洛·泰勒（Frederick Winslow Taylor）提出和创立的，这一理论经过了几百年的发展，呈现出更加成熟、多元的形态。目前，科学管理理论已经从追求效率和质量，逐渐转变为创新技术、突出人文关怀，这也标志着科学管理进入了一个全新的发展阶段。追寻医院的发展足迹，我们也可以探寻到科学管理向人文管理转换的痕迹。

工作的效率是科学管理理论的核心追求。科学管理理论认为只有提升医院的工作效率，医院才能够实现长久的发展。因此，它重点关注的是科学管理原则、方案的制订，以及确保计划的实施等内容。医院在之前的运营与发展过程中，一直沿用科学管理的相关理论，强调管理方式的科学性和合理性，但是忽略了工作人员和患者的内心感受，忽视了人自身的特性，只是将其作为一个能够提升工作效率的零件去看待。

管理技术是科学管理理论的核心追求。管理科学理论重点关注的是一切有关于管理的要素，包括数据信息、管理方案、技术水平等内容。推崇管理科学理论的学者，会在分析管理质量高低的过程中，运用计算机展开严谨的数学计算。虽然现在很多医院都在使用科学管理理论进行管理，并且取得了一定的管理成效，如推动医院网络化、信息化的管理，提升医院的服务意识、战略意识、竞争意识，增强医院的整体实力，等等。但是，不可否认的是，从该理论出发所进行的管理过于关注技术的应用和经济效益的提高，忽略了对人的价值的探索，没有尊重人的主体地位。

人力资源是行为科学理论的核心追求。该理论指出，我们不能单纯地从经济的角度出发去定义人，还需要积极地从社会的角度出发去看待人的价值。在工作中，良好的工作氛围能够大幅度提升工作效率，而创造良好的工作氛围的前提条件是保证良好的人际关系。行为科学理论主张收集一切非经济要素，利用这些要素激发人的主动性。这一理论的关注点是人，这也代表着西方的管理思想已经逐步向人、向人本管理发展。人本管理的核心是人，将人才看作促进企业不断发展的核心资源。该理论认为在对人进行管理时，需要尽可能地杜绝使用强制的手段，而是应当运用倾注人文关怀的管理方式，让人感受到自己的价值。但是，不可否认的是，该理论虽然能够凸显人的价值，却忽略了人的文化特质。

“人是目的”是人文管理理论的核心追求。该理论不同于其他的管理理论，其主要指向是人，关注的是人的品格、人性，以及人的思想等内容。人文管理与人本管理二者虽然只有一字之差，但却有着很大的区别。人本管理指出，人是一种可以被利用的动态资源，人文管理则指出人是核心，协调人际关系、进行技术管理等都是在为人进行服务。人文管理的形态多元，注重人文关怀。

在医院内部运用人文管理的方式，能够在很大程度上彰显医学的人文特征。其目的是，从人文理念出发，将人文贯穿在管理的各个环节，营造一种良好的人文氛围，在医院内部产生广泛的人文影响，为所有的患者提供个性化的服务。

要想保证医院人文管理的有效性，必须做到以下两点：第一，突出患者的主体地位。在对患者展开治疗时，一定要关注患者的生命安全，尊重患者的生命价值，让患者感受到理解和关爱，确保人文服务的全面性。第二，突出工作人员的主体地位。利用爱与关怀的方式，让所有的工作人员获得良好的情感支撑，使工作人员迸发出更多的工作认同感，提高工作人员的幸福指数。

2. 医院成本管理

(1) 医院成本管理的界定

在医院成本管理中，不仅要记录和归集医疗服务过程中所产生的医疗资源消耗，而且要对成本支出做出详细且准确的规划，以预算和绩效考核为准绳，以精细化核算为目标。医院成本核算是诊疗业务过程消耗的货币表现，医院的诊疗技术水平、管理力量、工作效率、物质损耗、医用设施的运用等均会直接影响医院成本核算。医院的总体成本，主要指对各个业务部门的费用进行核算和计量，而各个部门的成本费用则是由各个部门所提供的各种类别的医药服务成本所组成的。一般来说，其成本核算对象大致包括如下四个层面。

①院级核算。该核算主要指的是以医院为主体而进行的会计核算活动。其目的是掌握医院真正的运营情况，以便为医院管理者制定决策提供依据，同时也可以作为对未来发展的评估与预判。

②部门级核算。该核算主要是根据各科室和部门情况所开展的，其目的就是能够核算各个部门和科室的绩效状况，而核算结果则需要及时向上级管理机关及预期使用者公布，并由此为成本管理的有效部署创造条件。

③项目成本核算。该核算主要是围绕着某一医疗项目，或者是几个医疗项目

而展开的，其目的是能够为市场价格制度的制定提供基础，并借此对未来经济的发展情况做出分析和评估。

④病种成本核算。该核算是以各病种为单位进行划分的，也是目前医院成本核算中最细致的单元类别。病种核算可以使成本核算更加准确，使医疗定价更加具有针对性，也是医院成本核算的发展方向。

（2）医院成本管理的内容

医院进行成本管理是指对医院医疗服务等运营支出进行合理规划以控制成本的过程，分为事前、事中和事后三个部分。医院进行成本管理要首先做好事前成本预算工作，在业务开展过程中准确地进行成本核算，并在事后进行成本控制和成本分析，对成本绩效做出评价。只有做完这一整套工作，才算完整地落实了成本管理工作。

①成本预算。成本预算是将实际成本与计划成本对比分析，通过分析产生差异的原因来开展成本预算管理。首先，企业应对各部门的工作进行分析，确认各项成本明细，预估基础成本，汇集数据，编制预算。其中，编制成本预算涵盖的内容有收入预算、资产负债预算、成本费用预算、财务指标预算和现金流量预算等。各部门的预算经过多次调整、修改后，由上级下达最终预算批准意见。其次，根据成本预算标准，核实预算的执行情况，其结果与各部门的绩效挂钩。最后，通过检测整个预算过程，对企业的成本进行管理，发现问题后及时纠正。医院进行成本管理，首先需要完成基础性的工作，也就是成本预算。成本预算往往根据医院的总体战略和科室的实际支出进行编制。在编制科学系统的预算报表时，需要大量收集医院相应科室的成本数据，将其作为编制的依据。这项工作属于成本管理的前期工作，准确合理的成本预算有利于协调医院的经营组织活动，并为后期医院绩效考核提供参考。

②成本核算。成本核算以会计核算为基础，以货币为计算单位，将一定时期内企业生产经营过程中产生的所有费用按照对象和用途等进行分类和归集，先统计总成本，再统计各部门成本，从而反映企业真实的成本发生情况。企业进行成本核算，首先要审核成本是否发生，其次审核发生的成本是否计入业务成本，最后对已产生的费用按照一定的要求进行划分和归类，计算出各项目的单位成本和企业总成本费用。

在医院的成本管理中，成本核算是一个关键的过程，也是成本管理的基础。按照成本核算主要对象的差异，可划分为人员成本费用、疾病成本费用、诊疗服务成本费用以及疾病诊断相关费用。在开展活动的过程中，医院要提高分配资源的工作效率，根据一定准则去收集、分摊和核算各种成本费用，并分别核算出医院的总成本和单位成本。通过成本核算能够协助医院合理分配医药资源，进而提高医院的经济效益和社会效能，全面提升医疗服务质量。

③成本分析。成本分析主要面向生产成本花费虚高的科室，通过数据分析找到生产成本资源耗费的源头，以便更高效地开展生产成本费用管理。在成本预算与成本核算的基础上，对各科室的成本费用开展全面的分析，发现存在的问题，并围绕问题给各科室提供改进意见，助力其把成本压缩到合理范围。成本分析工作在生产成本管控中起着承上启下的作用，为成本控制提供数据基础。通过成本分析反映医院的管理，进而为管理层做出科学决策提供信息支持。一般情形下，医院可以以各种方式进行成本分析，包含因素分析法、比较分析法、趋势分析法等。

④成本控制。成本控制是成本管理的重要手段，指在一定期间内保证企业在预估成本范围内工作，科学监督开展业务活动的所有消耗，预防管理中可能出现的问题，并对成本管理进行调节，以达到成本管理目标。成本核算是成本控制的基础，在企业的经营活动中，成本控制还要渗透于成本预测、决策和计划中，并且制定相应的控制指标进行监督管理。成本控制能够在每一个经营活动环节计算和调节成本，及时发现存在的问题，为决策者提供数据支持，从而降低企业的成本。

在现代医院成本管理中，总成本核算管理处于核心地位。它的主要目的是避免价格虚高，从而降低生产成本中不合理的费用，以及改进成本分配中不恰当之处。成本管理有广义与狭义之分：广义的成本管理是指在对医院进行经营管理的过程中，利用科学技术手段降低生产成本；而狭义的成本管理指运用成本与会计的手段，对医院的经营管理与活动的结果进行评价。

⑤成本绩效评价。成本绩效评价是根据成本预算和实际完成情况对成本效果进行评估的一种方式，是医院成本管理的重要组成部分。通过定期对医院各科室的成本运作状况进行评估和考察，从而对各科室进行奖惩，形成当期科室人员的

绩效工资。成本绩效评价对成本管理起着监管和后续保障的作用，督促医院积极开展成本管理。目前，医院业绩管理的方式一般包括平衡计分卡、目标管理评分法、联合确定基数法等。

⑥成本考核。成本考核是指医院对事先设定好的成本考核指标开展指标完成情况的考核工作。通过成本考核，提高全院职工的重视度和参与度，提升其成本管控意识，获得全院全过程参与的效果，进一步控制成本，实现高质量发展。

（3）医院成本管理的策略

①健全成本管理制度。无规矩不成方圆，医院要开展成本管理并持续获得成本管理优化的效果，就必须建立并不断完善成本管理制度，为成本管理工作提供制度保障。要结合医院的实际需要和医改政策建立健全成本管理制度。医院行政后勤部门拥有不同的职责和权利，涉及人、财、物等各方面的利益，要落实成本管理的全过程优化，就需要建立严格的人事、财务、审计、内控等制度，在人员招录、支付审批、招标采购、物资领用等关键领域，做到制度管控与约束。只有通过制度的制定和执行，才能使全院职工在日常工作中有章可循，医院团队才有组织性、纪律性，从而提升职工的责任心，更好地进行团队协作。一套方案的顺利执行，尤其是成本管理方案离不开长效机制。为保障制度有效执行，成本管理领导小组和具体实施的办公室要强化制度的执行，保障成本管理优化工作的有效实施。

②树立全员全过程参与的成本管理理念。医院成本管理优化是一项长期复杂的系统工程，它涉及成本预算、核算、分析与考核等众多流程，需要领导层、管理层以及全体职工的密切配合。行政后勤科室之间，行政与临床科室之间，需要树立合作共赢的团队精神，强化成本管理的理念，配合开展成本的预算、核算、评价等工作。在进行方案优化时，需要通过成本管理领导小组，不断地进行跨科室协同运作，在进行运作的时候，还需要进行清晰的责任划分。

医院管理者应做好榜样，提高成本管理意识，深刻领会与医院成本管理相关的文件精神，带头执行并强化落实成本管理制度。同时，医院应积极发挥宣传引导作用，提高职工的成本管理意识，让关乎医院及切身利益的成本管控理念深入全院职工。除此之外，领导层和管理层要以身作则，做好榜样，成为带头执行的模范，积极营造勤俭节约、精细管理的医院文化氛围。

③打造专业的成本管理团队。成本管理优化的各项措施离不开专业的管理团队。为保障医院成本管理优化的效果，医院需要结合工作需要，合理引进专业性、复合型财务人才，优化财务人员结构，营造赶学争优的氛围，培养一支素质过硬、专业扎实的成本管理团队。

首先，建立财务人员的年度考评制度，对每个财务人员的工作职责、工作质量进行年度考核，对年度考核连续两年不合格的人员解聘，对连续两年考核优秀的人员给予绩效系数奖励，并结合医院实际需要提供岗位升迁的机会，激发财务人员的积极性。

其次，加大财务人员的培训力度。医院可以每年选取一名工作表现优秀的财务人员到高校或者培训机构接受较长周期的专业知识和实践培训，提高其财务业务能力，也可以定期或不定期地请专家到医院做财务专题培训，帮助财务人员及时学习并掌握日新月异的财务和业务知识。

最后，建立定期轮岗制度。财务人员在不同的岗位上历练可以掌握各项专业技能，这不仅有利于提高财务人员的专业能力，培养出勤思考、肯努力的复合型财务人员，还能帮助财务人员综合了解各岗位的职责、工作要点，更容易发现其中存在的运营风险，积极发挥团队协作的作用。

④建立健全成本管理监督机制。医院成本管理的优化离不开健全的监督机制，有监督才能保落实。医院可以在成本管理领导小组的指挥下，在成本管理领导小组办公室之外，成立与之平行的成本管理监督小组。成本管理监督小组设立在纪检监察室，小组成员由审计、纪检、质控等相关职能科室人员组成，定期通报监督报告。其工作职责是监督成本管理领导小组办公室及领导小组成员的工作落实情况、制度执行情况以及全院成本管理优化的实施情况，负责对成本管理各项工作的开展进行追踪与监督，具体包括明确各科室职工的岗位职责，对相关部门对于审批是否符合正规流程规定进行监管，对医院目前开展的成本管理工作进行风险评估以及对各科室具体采取的成本控制措施进行跟踪评价，评估其工作的开展是不是在规章制度的要求下执行。如果发现问题，及时介入调查，并撰写监督报告，及时向成本管理领导小组报告并提出整改方案，以加强对医院内部的控制和监管，进一步防范运营风险，保障医院成本管理优化的效果。

3. 医院绩效管理

(1) 绩效管理的影响因素

影响绩效的主要因素包含外界环境、员工的专业知识水平、内部环境以及激励效应。

绩效考核的外界环境不是可控的，外界环境包含经济发展阶段、地区经济差别、市场构造以及变化、现行标准、政策环境和国家环境。不同时期的绩效考核具有不同阶段的特有性。因此，在剖析不同时期的绩效考核时，应留意其时代环境的影响。

员工的专业知识水平就是指员工的专业技能水平，是组织的核心竞争力。由于教育环境和工作内容不同，员工在专业知识、文化水平和专业技能水平上存有较大差别。依据不同员工的文化和技术水平，可以对员工开展归类，以寻找适宜的岗位。除此之外，员工还可以依据专业知识和专业技能参与进修班课程，通过培训，提升自身的专业知识水平。

与外界环境不同，内部环境是可控的，可以根据管理体系、学习培训和培训机构文化等来控制其对组织本身的影响。

在影响绩效的四个因素中，激励效应是最具有能动性的因素，人的积极性提高了，组织和员工就会努力改善内部环境，提升专业技能水平，从而提升绩效管理水平。

(2) 医院绩效管理的特征

在医院绩效管理和考评环节，如何统一医院的社会效益和经济效益成为难题。为了更好地提升诊疗的针对性和服务水准，应当掌握绩效管理的特性。

①绩效管理的公益性。医院绩效管理方案的制订除考虑经济效益，还必须注意公益性。医院在进行改革的过程中，因为欠缺科学有效的管理体系，碰到了很多问题。如一些医院只依据部门的收益和开支、盈利和劳动量来测算部门奖赏，这将造成部门过度重视经济效益，难以体现服务。

②绩效管理的社会责任性。医院和企业开展绩效管理的方式有一定区别。企业追求利益最大化，把经济效益摆在首位。而医院应将社会义务摆在首位，将经济效益放到次要地位。医院既要高度重视服务，又要重视社会义务，以患者为本提供诊疗服务，创建科学的绩效管理体系。

（3）医院绩效管理的内容

对于医院的管理者而言，他们进行绩效管理需要从四个方面开展，具体就是与绩效相关的计划、监控、评价及反馈，不可以将其中任意的流程漏掉。同时，为保证绩效管理的可靠性，管理者还需了解各部门的具体情况与需求。

①医院绩效计划。计划是目标完成的前提与保障。合理的计划有助于成功地实施。计划能够对未来进行合理预测，是为了让这个预想变为现实而做出的有效规划。

一般情况下，整个绩效周期基本上就是一年，其中绩效管理涉及的首个流程就是绩效计划。并非只是做好相应的工作计划就可以了，而是在设计整个计划时要多加关注，通过沟通来让管理者和员工统一观点，借助员工绩效愿望的实现，进而将组织目标变为现实。对于绩效计划而言，一定要基于组织目标这个大框架来开展。

②医院绩效监控。绩效计划的下一环节是绩效监控，指管理者在绩效计划实施的过程中，借助各种方式了解下属的工作现状，并就绩效问题与员工进行有效沟通，以防止因为绩效产生潜在问题，与员工共同商议有效解决方案，促使员工更好地完成绩效计划。这个阶段占据了绩效周期的大部分时间，管理者主要承担以下两个任务：一是以合理的方式监管下属的行为动向，借助合理有效的双向沟通，帮助员工开展相关的任务；二是记录现实工作期间的重点数据或事件，能够将相关信息提供给后期的绩效评价。

绩效监控的目标就是使管理者和员工双向沟通，从而实现监控的有效实施。管理者与员工需要共同制订绩效计划，由此有针对性地指导与鼓励员工在任务期间不断提高绩效，使其缩小与目标绩效的差距，这样就能够保障在固定时间段内实现绩效目标。

③医院绩效评价。绩效评价是绩效管理中重要的组成部分，其中评价主体是通过绩效主管部门予以明确的，按照绩效目标协议书里面要求的评价标准和实际周期，通过采用适宜的评价策略，客观地对部门、个人以及组织的绩效目标实现过程进行评价。评价作为整个绩效管理过程的环节之一，不仅要与其他环节紧密相连，也要重视其他环节对评价的影响。已签订的绩效协议作为绩效评价的基本依据，绝不能以管理者的个人喜好随便修改。此外，对于管理人员以及员工实施

的绩效沟通环节，实际上即对于绩效对象，评价者进行实际状态观察的一个过程。绩效管理的目的是通过公正、客观地评价得到翔实的绩效信息，最终为绩效改进提供有价值的决策依据。

④医院绩效反馈。绩效反馈是在完成评价之后，管理者将绩效评价结果以面对面的形式反馈给员工，明确哪些领域的绩效不适宜，同时对实际缘由进行分析，这样就能够优化下一绩效计划。该类型的反馈实际上就是沟通，贯穿于绩效管理的全过程。利用该类型反馈方式，从员工的角度来看，将了解到管理人员的实际期望和评价，这样就能够更有针对性地完善自我；从管理者的角度来看，管理者就能够了解员工的实际水平和其中的各种矛盾，在此基础上设计符合员工需求的实际规划，最终使员工的行为与组织目标达成一致，从而实现组织的绩效目标。

4. 医院人力资源管理

(1) 医院人力资源管理的概念

医院数量众多，既有基层医院、专科医疗机构，也有各个部门管理的医疗机构，这些医院以事业单位的身份出现，有公益一类，也有公益二类。虽然有的医院规模相对较小，业务相对单一，但在医疗服务体系中占有重要位置，为我国医疗服务发展做出了重要贡献。医院只有拥有相对充足的人力资源或人才资源，并不断优化人力资源管理，才具有持续发展的后劲。

所谓医院人力资源管理，就是充分运用现代科学的人力资源管理方法，对医院的人力资源或人才资源进行补充、组织、调配、培训、激励的过程。其目的在于激发医院各类人才工作的主观能动性，充分发挥医院人力资源的效能，实现高效率运作，保证医院完成组织赋予的职责任务。人力资源管理的本质是围绕组织目标对人力资源进行有效管理，保证人力资源的发展方向与组织目标一致，对组织的发展起到积极的促进作用。医院人力资源管理是事业单位人事管理的重要内容，强调人才开发、岗位管理、薪酬设计、绩效考核，激发职工的积极性，培养职工的归属感和责任感。对于医院来说，人力资源管理的重点在于激发各类人才的潜力，使各项工作任务能够更好地完成。

(2) 公立医院人力资源管理的特点

受公益性和自身经营特点的影响，公立医院的人力资源管理具有以下三个方面的特点。

第一，全局性。医院是一个复杂的组织结构，下设多个科室和部门。每个科室的人力资源管理直接影响整个医院的人力资源管理。如果某个科室的人力资源管理不到位，可能导致整个医院的运作效率降低。因此，医院的人力资源管理需要全局性地考虑和协同。

第二，全过程性。医院的人力资源管理涵盖了从招聘到离职的全过程。除了招聘和录用人才，医院还需要开展培训、绩效考核、岗位晋升等工作，以推动员工的全面发展。医院要通过全过程的管理来激发人才的潜力，实现员工和医院共同成长。

第三，激励性。医院人力资源管理的重要目标之一是激励员工的积极性和创造力。在市场经济的影响下，医院需要不断调整激励政策和机制，以吸引和留住人才。除了物质激励，医院还需要提供良好的工作环境、发展机会和员工关怀，充分激发员工的工作热情和创造力，为医院的可持续发展提供人力资源支持。

综上所述，医院人力资源管理具有全局性、全过程性和激励性的特点。只有在合理管理人力资源的基础上，医院才能更好地发展和实现其公益性和自身经营的目标。

(3) 医院人力资源配置难点

①医院人力资源配置理念有待提高。结合当前医疗卫生系统在人力资源配置方面采取的做法，立足于政府提供的补贴及下发的政策，进行对比与分析后了解到，在我国公共卫生领域中，公立非营利性医院有着较重的分量，但人力资源管理、分配等工作在此类医院中的开展不顺利，思想滞后、手段单一等情况普遍存在，难以更好地促进医疗机构功能的发挥，不能满足新医改的要求。

张曙云等明确指出，从目前的发展情况看，人力资源管理与配置尚未引起医院的足够重视，有些医院已经设立了人力资源部，但事务性工作占比较高，不能完全服务于医院管理与决策，职权行使中遇到了问题。这就对医院管理工作的开展造成影响，对其管理效果产生了较大的负面影响①。

②医院人力资源配置结构失衡。一是医护配置比例失衡。医护人员比例失调成为医院的共性问题，在护理人员数量方面存在着明显不足。二是卫生人力

① 张曙云，杨文洪．我市直属卫生单位后勤社会化改革的实践[J]．中华医院管理杂志，2005(08)：566–569．

资源的职称、学历等都处于动态变化的状态。在政府及高校应届生就业政策的引导下，我国医院每年对应届生的招收普遍比社会人员多，青年人力资源每年都会得到补充，故科室的人员配置年龄、工龄等较为合理，但人员的学历水平、职称晋升率，各级医院情况大相径庭，且科室的培训、继续教育的情况不一。这也反映了我国医疗机构的整体水平呈螺旋上升趋势，以及医疗体系中存在不平衡问题。

③医院人力资源配置方法不科学。从我国的情况看，医院在人力资源配置方面存在的最突出问题就是没有选择得当的配置方法，岗位设置混乱的情况同时出现在多家医院之中，在人员配置方面与实际需求不相符。有些新增业务量大的岗位人力严重不足，空缺一直没有得到弥补，不利于相关业务的开展。一般而言，医院在人员不足时会招募劳务派遣人员，但仓促之下往往导致人员专业水平达不到要求，也浪费了人力成本。有些医院把在科室善于沟通的医务人员调整至行政岗位，把业务型人才投入行政工作，人力资源的浪费十分明显。

（4）医院人力资源管理的策略

①转变人力资源管理理念。医院要摒除传统的人事管理理念，树立现代化的人力资源管理思想，要认识到人力资源在很大程度上决定了医院的整体实力，从思想观念到政策落实全面贯彻现代人力资源管理思想，重视人才的引进和培养，将医务工作人员及其所掌握的知识和技能都视为资本，用长远的目光看待人力资源的投入，把工作重点放在人力资本的转化上，提高创新能力。

②适时引进专业的管理人才。医院需要定期组织相应的专业技能培训，适时引进高质量的专业医疗人才。同时，创设专项资金，倡导医院职工积极参与深层次的改造和教育，以此来提高职工的专业技术水平和能力，为职工提供更广阔的发展空间。由此，也能让职工坚定不移地在医院持续发展和深造。医院还需要建立职工任用机制，避免出现论资历、论辈分的不良现象。

医院要精准地识别人才，挖掘人才，倡导自我推荐，同时也可制定相应的激励政策，让职工在竞争中获取相应职位，不仅能够有效增强医院职工的自信心，还能在竞争中充分展现职工的价值和技能水平，由此可以创建一支高质量的医疗团队。与此同时，医院还要注重品牌文化的塑造，以此来提升精神文化水平，给予医院职工更多的关怀和尊重，让医院职工能够在工作的过程中感受到归属感和获得感，从而给予医院更多的信任和依赖，也能为医院留住更多高质量的医疗人才。

③建立健全人力资源管理激励机制。一是积极转变工作理念。为了更好地发挥激励机制在人力资源管理工作中的积极作用，在建立健全激励机制的过程中，医院应当从实践角度出发，着眼于市场形势和医院发展需求。决策者、管理人员以及工作人员等相关主体，必须从实际出发，将激励机制纳入人力资源管理工作中，有目标、有方向地进行整体性制度设计与工作规划，确保激励机制可以更好地融入人力资源管理工作。管理人员为了完成这一工作目标，需要认真转变工作理念，明确激励机制的工作定位，掌握激励机制的工作原理，在此基础上，综合考量医院人力资源管理工作的基本要求，细化激励机制的使用场景，确保激励机制的开展符合预期，为完善人力资源管理激励机制奠定基础。基于这一思路，医院需要从实际出发，做好相应的宣传工作，使得医院内部形成良好的应用氛围，确保管理者、决策者可以对激励机制的重要性有一个正确的认识，保证激励机制的各项要求和制度规范落实到位，同时保证激励机制结果的准确性。二是完善激励机制。为了对医院激励机制中存在的问题进行有效解决，必须完善激励机制，更好地发挥其在人力资源管理工作中的积极作用。医院管理人员不仅要转变思路，还要有针对性地完善激励机制，从制度层面出发，建立完善的激励机制。通过完善激励机制，规范各项激励活动，确保激励机制的有效运行，增强激励机制的时效性。在完善的过程中，医院要对过往的有益经验进行吸收和借鉴，并在国家法律框架下，灵活调整激励机制，在确保医院激励机制合法性的同时，增强激励机制的针对性，确保激励机制有序运行。

以考核制度为例，为激发医院工作人员工作的积极性，确保激励机制的有效落实，部分医院建立了合理的绩效考核制度，激发工作人员工作的热情，确保激励机制举措落实到位。同时丰富激励机制的内容与激励方式，将物质激励与精神激励结合起来，全方位发挥激励机制的作用。在这一过程中，可以充分利用马斯洛的需求层次理论，结合医护人员的基本情况，确定激励机制的内容，通过多元化的激励，引导医护人员更好地投入日常工作中。

④加强人力资源管理信息化建设。信息化是人力资源管理的最终归宿，在实际的工作过程中，应当优化人力资源管理，提升信息化在人力资源管理中的价值，

合理使用各种人力资源管理软件，提升医院的人力资源管理水平。同时，通过员工流失管理、黑白名单管理、固定岗位管理、电子档案管理等特色功能，提升人力资源管理的便利性。

5. 医院全面预算管理

(1) 全面预算管理的含义和特征

预算是通过分析企业的内部和外部环境，依据企业自身的发展规划和目标来编制年度财务收支计划。预算不等同于预测，预算是建立在战略基础上的一种管理工具，是贯穿事前—事中—事后动态的管理过程。

全面预算管理是通过预算管理对内部的各种财务和非财务资源进行合理的分配、考核、控制，从而有效地管理组织、协调其日常生产经营活动，实现既定的目标。全面预算管理不同于传统的预算管理，传统的预算管理是由财务部门独自参与，采用固定增量的编制方法，局限于院级收支计划，缺乏控制力的管理；全面预算管理是由全体人员共同参与，综合运用零基预算和弹性预算等多种编制方法，及时地跟进、提醒，加强控制，突出和完善业务预算、财务预算、项目预算和投资预算的全面预算管理。

全面预算管理是财务管理中的一项重要工作，是内控的重要组成部分，是现代医院管理制度的重要内容。医院的全面预算管理包括两方面的内容：一方面将全部收支纳入财政预算管理的范畴，作为预算单位，需要接受财政部门以及卫健委对医院的预算和财务的全面管理；另一方面是以医院战略发展为基础，建立健全内部全面预算管理制度，对各类资源的分配、使用、控制和考核进行全过程管理。

全面预算管理具有全员性、全局性、全流程的基本特征。全员性，指预算管理工作需要全体员工参与，人人皆是全面预算管理的组成部分，明确各类人员的职责，增强全员预算管理意识，全员按照预算规定严格执行。全局性，指全面预算管理以战略为导向，体现医院全局整体观。全流程，指全程落实与医院经济运行管理有关的所有经济业务活动，贯穿于医院管理的整体流程中。

(2) 医院全面预算管理的原则

医院建立健全全面预算管理制度应该遵循战略性、全面性、规范性、适应性、效率性的原则。全面预算管理秉持以战略发展目标为导向的原则，制订年度计划，围绕计划合理分配资源，实现持续健康发展。全面预算管理采用全口径、全方位、全过程和全员性管理，涵盖了预算编制、审批、执行、监督、调整、决算、分析和考核等所有环节，强化预算的约束。全面预算管理坚持预算体系标准化、管理规范化，实行全面规范的管理。全面预算管理要符合国家有关规定和医院自身的实际情况，并且随着环境的变化不断调整。全面预算管理是为医院的经济运行服务的，通过预算监控、分析和考评等过程，可以实现内部经济资源的有效配置和使用，提高医院的运营效率和效益。

(3) 医院全面预算管理的内容

医院用于内部管理的全面预算不仅包括收支预算，还包括采购预算、项目预算等，大体可以分为业务预算、财务预算和投资预算。

业务预算也称为经营预算，是与医院的医疗业务活动直接相关的并且具有实质性意义的基本活动的预算，主要指职能部门经费预算、采购预算、人员支出预算等。

财务预算反映了预算期内预测的财务状况以及经营成果等，主要包括收入费用总表及明细表等。

投资预算又称为资本预算，主要指固定资产、无形资产等设备购置的投资预算，对外直接投资预算，基础设施建设，大型修缮以及筹融资预算等。

6. 医院医疗服务质量管理

(1) 医院医疗服务质量管理体系

我国医院受到各级卫生行政部门的管辖，受各级卫生监督部门的监管，还受各级医疗质控中心的管理。2006 年，为了健全卫生标准管理体系，进一步推动公共卫生和医疗服务标准化建设，更好地为人民群众健康服务，为社会主义现代化建设服务，我国组建了全国医疗服务标准委员会、全国医疗机构管理标准委员会、全国医院感染控制标准委员会、全国卫生信息标准委员会、全国病媒生物控制标准委员会、全国地方病标准委员会和全国寄生虫病标准委员会七个专业卫生标准委员会。此后，医院受各地发改委、财政局和人事编制部门的影响，这些机构与各级中心、委员会一起，组成了医疗服务质量管理的组织体系，为我国医院的医疗服务质量管理的发展奠定了基础。2022 年，《国家医疗保障局办公室关于进一步做好医疗服务价格管理工作的通知》中指出要“结合深化医疗服务价格改革试点精神，稳妥有序做好现阶段医疗服务价格工作，强化基本医疗服务公益属性，促进医疗服务创新发展，保障群众获得高质量、有效率、能负担的医疗卫生服务”。要求相关医疗机构提高医疗服务价格工作的主动性、科学性、规范性，坚持系统集成、协同高效的理念，整体谋划医疗服务价格改革和管理工作，主动适应医疗保障和医疗服务协同高质量发展的需要，统筹衔接分级诊疗、医疗控费、医保支付、薪酬制度、医院运营等改革，引导公立医疗机构践行落实公益性，形成综合效应。

（2）医院医疗服务质量管理制度

从改革开放至今，从人民代表大会到国务院，从部门规章到卫生标准，国家相继出台了与医疗服务质量管理相关的政策、办法约1600部。2016年10月，国家卫生计生委（2018年改为卫健委）制定颁布了《医疗质量管理办法》，对医院的门诊、急诊、护理、药学、医技等重点部门的医疗服务质量管理提出要求，明确指出医院的医疗服务质量管理水平关系到人民群众的健康权益和对医疗服务的切身感受，持续改进医疗服务，保障人民群众的医疗安全，是医院改革和发展的重要内容和基础。作为医院的生命线，医疗服务质量管理贯穿医院的医疗能力、服务能力、配套设施等各个层面，是医院发展的决定性因素。在各级政策和《医疗质量管理办法》的制度保证下，医院在资金投入、税收减免、编制改革、科研学术等方面获得了很多优惠，医疗服务质量管理水平不断提高。

（3）医院医疗服务质量管理内容

在国家医疗服务质量管理的组织体系管理下，在政策制度的支持下，在市场竞争机制的推动下，医院开始落实功能定位，注重医院内涵建设，改善医疗环境，制定质量标准，部署战略规划；改变原有的管理模式，逐步转向集约化、高效管理模式来提高运行效率；将原来的投入重点从硬件设施转变为提高医务人员待遇、加强人才培养等，提高了医务人员的积极性。在医院管理效益和医疗水平提高的同时，医疗服务质量管理体系也更加现代化、科学化。

依据国家《医院分级管理办法》，医院每隔三年要进行“三级十等”的等级评审，作为医院发展情况的阶段性考核，“等”是指国家评定的医院的业务能力、技术水平、医疗安全、环境质量、配套设施等，“级”是指国家划分的医疗服务范围。

医院等级评审制度让医院对自身提出了更高的要求，结合实际制定出了符合本院发展的医疗服务质量管理方针，注重发展学科建设，培育出一批敬业、敬畏生命的医护人员，提高了整体的医疗能力和服务水平。

第二节　医院档案管理的作用

一、有助于增强医院文化软实力

医院档案在长期积累的过程中，积淀并传承医院发展的理念与价值观，蕴藏着医院发展的灵魂和文化软实力。医院档案的内容十分丰富，是医院发展实践中最可靠的原始记录和权威凭证，从载体和内容两个方面最大限度地完成了记录历史、传承文化、传播文明和提升医院文化内涵与文化软实力的任务。从医院档案中挖掘出的医院文化软实力，是助推医院文化建设的核心，为医院可持续健康发展提供持久动力，从而形成饱含正能量的医院精神，不断提升医院的核心竞争力，最终使医院文化建设为医院发展创造出效益。从医院发展的档案积淀中挖掘出医院文化的精髓，又是提炼仁爱、包容、创新的医院精神的有效途径。通过医院文化建设形成的医院精神，可以用于谱写院歌、设计院徽、提炼院训，可以形成医院全体职工普遍认同的价值观和适应时代要求的服务理念，这正是医院档案体现医院文化建设的核心内容，是医院赖以生存和发展的精神支柱。

二、有助于促进医疗科研的进步

医疗技术的进步是一个不断探索、实践的过程，是医务工作者在长期临床实践中的阶段性总结。目前，人类在医学上的疑难问题越来越多，这就迫切需要相关科研人员不断地探索、解决，以提升整体医疗水平。档案管理为相关科研工作者推动医疗水平的提高提供了基础数据支持，可帮助工作人员快速从档案中提取所需信息，为科研工作的开展提供了重要前提，应引起人们的高度重视。

三、有助于引领医院落实人文精神

人文精神是对人的个性、价值、地位、尊严的关注、爱护和尊重，其核心是对人的精神价值的重视与人性关怀，即以人为本的价值理念。医院文化建设的基础是坚持以人为本，即对职工施以人本管理、对患者施以人文关怀，而在医院档案中始终贯穿着以人为本的人文精神。

一方面，医院档案中保存着大量的准确信息、数据和人文资料，还有成功的管理经验、优秀人物的先进事迹。医院管理者只有把职工当成医院最大资本、最好资源，紧密结合医院档案中的文化资源，用自己的知识、智慧和才艺，通过职工的知觉、动机、信念和期望等文化需求，影响职工的思想与行动，才能使职工愿景与医院目标相一致，从而产生医院文化的向心力、凝聚力和发展动力。

另一方面，在医院档案中还贯穿着医学伦理与人文关怀思想，即医疗活动采取的合理与合乎道德的行为和决策，确保医疗目的和患者的权利，强调以患者为主体、满足患者需求、强化与患者合作，从而建立和完善渗透着医学人文精神的医疗文化与医疗制度，使仁爱、尊重、责任与公平的人文精神得到落实。

四、有助于提升医院服务质量

对于医院而言，各类档案是历史发展的记录和见证者，具有无可替代的原始凭证作用。在新医改背景下，应对管理工作进行优化和调整，以此提升整体的档案信息安全性，为患者与医务人员提供更好的服务。同时，要求当前部门积极协调与其他部门之间的关系，找准档案管理的重点，将工作转向高效开发和利用中，以此作为发展过程中的重要内容。需要根据不同医院的管理制度和档案应用情况制定制度，保障资源渠道畅通，提高各类资料的利用效率，维护医院的稳定发展，用事实说话，以此有效彰显医院优良的服务。

五、有助于强化医德医风建设

强化医德医风建设，要坚持患者利益至上、社会效益优先、落实医疗公平的原则，使医务人员在医疗服务工作中最大限度地满足患者康复的需要。医德医风建设反映出医院文化的价值观、道德观、文化环境和医院精神，是坚持以患者为中心原则、更新服务观念、提高服务质量、助推医院持续发展的精神动力。通过医德医风建设，使医学人道主义精神、以患者为中心的人文关怀理念深入医务人员心中，内化为医疗服务的理念，落实在为患者服务的实践中，这也是医院文化建设的生命力所在。

医院档案保存着医疗法规制度、医疗标准、技术常规、操作规程等资料，医学病案（历）保管着众多患者最原始、最完整和最权威的病程记录、治疗过程与医疗结果，是重要的医学科技文献与科研档案，具有真实性、可靠性和系统性的特点，不仅是保护患者合法权益的凭证，也是进行医务人员医德医风教育的最佳内容。通过分析病案（历），可查找医疗和管理过程中的缺陷，教育医院各类人员吸取经验教训，从而为提高医疗服务水平和医院管理水平打下良好基础。医院档案中蕴含着丰富的文化资源，充分利用医院档案强化医德医风建设，是医院文化建设的重要内容。

六、有助于塑造医院品牌形象

结合现代医院管理制度，医院塑造良好品牌形象的方法如下：不断更新医疗设备，多方筹资，加大投入，以提高医院的整体实力；依靠媒体大力宣扬医院的技术特色、重大医疗成果，介绍新业务、新技术，以加深广大群众对医院的了解；等等。而档案管理的重点在于挖掘名科名医名家、医院优秀典型，通过理念识别系统、行为识别系统、文化识别系统，创新管理手段，强化医疗行为监管，从而提升医院形象。

七、有助于医院思想政治和文化建设

思想政治工作的根本目的是教育人们树立正确的世界观、人生观和价值观。在生活实践中，世界观、人生观和价值观问题对每个人来说都是最根本的问题，决定了人们的理想和信念。医院思想政治工作要做到以科学的理论武装医务人员、以正确的舆论引导医务人员、以高尚的精神塑造医务人员、以优秀人物鼓舞医务人员。培养医务人员把全心全意为患者服务奉为自己的人生观，以及把患者利益置于个人利益之上的价值观，用正确的价值观分析利益取舍、辨别是非真伪，从而树立医务人员“白衣天使”的美好形象。

医院档案中蕴含着丰富的人文、历史、科技等内容，是医院思想政治工作不可多得的文化资源和文化财富。在医院文化建设过程中，可以通过创建院史馆、荣誉展示室，编纂院史院志等方式，在做好院史资政工作的同时，详尽展示医院的发展历程、优秀人才、丰硕成果，对医务人员进行医德史、行业史、院史教育，用身边的事和身边的人开展既生动活泼又丰富多彩的宣传教育、文化活动和思想政治工作。还可以利用档案开展科技成果展、名医专家风采展、优秀病历展、医德医风展，广泛开展社会主义核心价值观教育，提升医院思想政治与宣传工作的品位，以增强医院职工的自豪感、激发医院职工的责任感、树立医院职工的自信心，形成团结向上的良好工作氛围。

医院档案是医院的宝贵财富，是医院文化建设的精神财富。重视医院档案对医院文化建设的重要作用，就是要善于从档案中挖掘出精神财富以促进医院文化建设，善于利用医院档案中的文化资源使医院文化建设别具特色，善于利用档案中蕴含的文化软实力促进医院不断向前发展。

八、有助于提高医院医疗科技水平

医院档案中涵盖了大量的病案（历）资料，这些资料是评估医院管理以及科学技术水平发展程度的重要指标，这是因为病案（历）资料具有专业性、客观性特征，适宜作为评估工具。科技档案是医院在科研活动、建设中形成的，其管理工作同科研水平存在密切关系。科技档案利用率较高，且具有较强的实用性，可为疾病治疗提供重要指导。医院科技档案管理关系到病历资料收集、整理、分类和登记等工作的有效进行，可为后期疾病治疗提供相关资料。医院各科室医护人员利用科技档案可及时了解并掌握病案（历）资料中有价值的信息，以供参考和试验，从而提升医院医疗科技水平。

九、有利于提升医院人才资源管理水平

人才是医院持续发展的关键，医院人事档案可以准确记录医院每个职工的职业经历、业务水平、科研水平及品德修养。人事档案在医院人力资源的充分利用及行政部门、诊疗部门的配置上都发挥了重要作用。要确保医院在人才的培养、职称晋升、党员干部聘任等方面合理、公平，做到人尽其才、才尽其用，从而为医院的稳定发展打下坚实的基础。

第三节　医院档案信息化建设的意义

一、适应现代化社会的发展

随着信息化技术和互联网技术的迅猛发展，信息化建设已广泛融入人们日常生活中的方方面面。随着市场竞争的日益激烈，医院为了寻求更为长久稳定的发展，在各项工作中应用信息化技术是必然条件，是提升医院管理工作质量的有效途径。从一定程度上来讲，加强医院档案管理信息化建设，是提升医院医疗水平的重要手段，是顺应时代发展的必经之路。实现医院档案管理工作的信息化，借助计算机网络实现档案资料的归档整理，可以自动对档案资料信息进行对比与矫正，避免档案出现缺失、重复等不良情况。

二、提高医院整体管理水平

医院管理水平在一定程度上决定了医院的发展状况，在医院的整个管理工作中，档案管理占据重要地位，并且在医院发展的过程中，档案管理自身的独特作用也得以发挥。档案管理作为医院管理工作中的一项重要内容，是对医院发展过程中所产生的各种档案资料收集与整理的工作。但随着档案数量的不断增加，档案管理人员的压力也随之增加，若某一环节出现问题，不仅会对医院档案管理工作质量产生严重影响，甚至不利于医院整体管理水平的提升。

在信息化时代背景下，档案管理信息化建设可以有效规避这一问题。可以充分借助信息化手段，避免管理工作中人为因素的影响，借助现代化技术实现无纸化办公，通过各种管理举措，极大地提高医院档案管理工作的效率，最终提升医院管理水平，为医院未来的发展指明方向。

三、提升医院档案管理工作效率

医院档案信息化是提高医院档案工作效能的关键。目前，医院档案管理信息化建设的效率、实用性和真实性都在不断提高。效率提高主要表现在：有效地简化医院的工作流程，减轻工作人员的工作压力，方便档案的管理，为提高医院的档案工作效率打下坚实的基础。实用性提高主要表现在：档案资料的实际使用率得到显著提高；真实性提高主要表现在：医院档案的实际价值被最大限度地优化，在具体实施的过程中，医院的相关工作也有充足的信息支撑。

四、提升医院档案管理的安全指数

在传统医院的档案管理过程中，档案多为纸质形式，所以需投入的成本和人力资源较多，且管理过程较麻烦。此外，纸质档案需要专门的存储空间和存储材料等，这有悖于我国现行的绿色发展理念。通过信息技术对档案进行管理，纸质档案将转变为电子档案，所以能有效地缩减纸质档案的存储空间以及消耗的材料等。医院内档案的数量较多，其中就不乏一些价值较大的档案，且一些档案甚至还会影响医院的后期发展方式，而如何确保这些档案的安全性始终是管理人员所面临的主要问题。在医院中，这些档案主要面临损坏风险、丢失风险以及修改风险等。

基于信息技术的管理模式，其优势首先体现在安全性方面，医院内的档案信息全部储存在云端或计算机中，所以并不会出现档案由于受潮、发霉或虫蛀等产生损坏风险。此外，依托一些专业的信息管理平台，能有效地防止医院档案丢失或被恶意篡改，且在使用过程中档案并不会受到时间和空间的限制。所以，在医院档案管理过程中强化信息化建设，对于保证档案的安全性、控制管理成本、提升分享效率以及保证档案信息的安全性等具有重要意义。

五、增强医院的综合竞争力

加强医院档案管理信息化建设，能够实现各科室、各部门之间的信息共享，有利于医院内部进行信息交流，同时也对改善医院外部环境、促进医患和谐关系的建立具有重要作用，有效提高广大群众对医院的信任度。在改善医患矛盾的同时，还能有效避免医院在发展过程中出现的问题，以此提高医院整体工作效率，确保在市场竞争激烈的情况下，医院能够稳定且可持续发展，进而不断增强医院综合实力。

六、优化档案查询和检索流程

医院内一些档案比较重要且需要经常被调用，但医院档案的总量往往处于一种不断增加的状态，所以在传统档案管理过程中，管理人员即便将所有的档案进行归类存储，但由于总量过于庞大，在海量的档案中寻找需要的信息也是一件非常困难的工作。

此外，通过信息技术对医院纸质档案进行管理，可以有效地避免纸质档案的磨损问题，同时也能够提高档案检索和查询的效率。具体体现在以下几个方面。

避免档案磨损：纸质档案在使用过程中难免会出现磨损现象，而数字化档案可以避免这一问题。通过扫描、拍照等技术将纸质档案转化为数字格式，可以永久保存并反复使用。这不仅可以延长档案的使用寿命，还可以减少档案维护成本。

提高检索和查询效率：通过信息技术，可以快速地检索和查找相关档案信息。例如，利用关键词、日期、作者等信息进行搜索，可以快速定位到所需档案。这大大提高了检索和查询的效率，节省了时间和人力成本。

实现远程访问：数字化档案可以通过网络进行远程访问，使利用者不再受地理位置的限制，可以在任何时间、任何地点访问所需的档案。这为利用者提供了更大的便利，也提高了档案的利用率。

方便数据统计和分析：通过信息技术，可以对数字化档案进行数据统计和分析。例如，可以统计某一时间段内各类档案的使用情况、某一科室利用档案的情况等。这为医院的管理层提供了更全面的数据支持，有利于做出更好的决策。

七、有效控制医院档案管理成本

当信息技术还没有应用于医院档案管理时，传统的管理模式主要是聘请专职人员来管理档案。医院档案相当复杂，管理过程需要大量的人力、财力、物力，所以医院的部分经济收入会分配到档案的管理上，这会对医院财务控制与管理产生一定的影响。大数据技术的运用使档案管理更加信息化，信息化档案管理使管理过程简单易行，无需大量的人力、财力、物力，为医院节省了大量成本，从而使剩余资金投入医学研究，为人们的生命和健康提供更大的保障。

八、实现医院信息资源共享

为了能够为广大群众提供更有效的医疗服务保障，首先应通过医院档案管理全面了解就医服务需求以及本院医疗服务水平。但传统的档案管理难以满足这一要求，无法实现信息资源共享。在此情况下，医院档案管理工作需不断进行改革。在医院经营管理过程中，应重视档案信息化建设，以实现就医的信息数据传递，实现信息资源共享，借助电子信息平台的优势为群众提供便捷的医疗服务，促进我国医疗事业的发展。

九、提升管理人员的综合能力

在依托信息技术进行档案管理的过程中，医院档案管理人员需要具备以下能力。

管理能力：医院档案管理人员需要具备基本的管理能力，包括人员管理、任务分配、协调沟通等。他们需要能够有效地组织和管理档案管理团队，确保工作顺利进行。

信息技术能力：医院档案管理人员需要具备一定的信息技术能力，包括使用电子档案管理系统、数据分析工具等。他们需要熟悉档案管理系统的操作，能够快速准确地进行档案检索、整理和归档等工作。

问题解决能力：由于信息可能存在不畅通的情况，档案管理人员需要具备解决问题的能力。他们需要及时发现并解决档案信息流通中的问题，如信息传输中的延误、数据丢失等。

沟通能力：档案管理人员需要与各部门和相关人员进行有效的沟通和协调。他们需要能够理解各部门的需求，并及时与其沟通，确保档案信息的准确性和完整性。

学习能力：信息技术的发展和更新速度较快，档案管理人员需要具备良好的学习能力，不断学习新的技术和知识，以保持自身的竞争力和适应能力。

通过信息技术的支持，医院档案管理人员的管理水平和信息技术水平将得到极大的提升。他们将更高效地进行档案管理工作，并解决信息流通不畅通的问题，从而提高档案管理的质量和效率。

十、监督医疗服务人员的工作质量

开展医院档案行政管理及信息化管理系统建设，可以对本医院医务工作人员起到跟踪监督的作用，督促医院工作人员时刻保持自己应有的良好职业道德与职业法律素养。在医疗档案文件中会详细记录患者的整个疾病诊疗处理过程，医护人员一定要为患者亲自诊断、护理好住院的患者。如果该患者在治疗疾病期间发生了意外突发情况或是不良治疗后果，医院相关管理者即可通过这些详细记录，初步确定是否与医院工作人员有直接责任。

医护人员在实际操作中，在为患者提供相应的医疗服务时，是否确实存在瑕疵或失误，是否有构成一般医疗事故等，这些信息都可能需要以详细记录的原始医疗档案证据为判断的依据。否则，如果住院检查期间突然发生什么意外，医院方无法提供有力的事实证据，予以排除医护人员造成的医疗事故责任，就可能会让医院陷入这场医疗纠纷泥潭中，影响医疗机构和医护人员的声誉。

十一、为医院决策提供有效的决策数据

随着医院规模的扩大，档案数量将会逐渐增加，档案搜集与管理的压力也随之增加，而传统的纸质档案管理已不能满足高强度的工作。如何更好地发挥档案的作用，推动档案信息化的实施，显得尤为重要。要运用信息技术对医院数据进行统一的管理，对数据的价值进行分析，为医院决策提供有效的决策数据。

十二、实现医院档案管理信息资源规划

医院档案管理的合理规划有利于医院根据实际情况改革其管理体系，对各种基础设施进行优化升级，从而完善医院的医疗体系。我国是人口大国，我国的医疗水平也存在着不均衡发展的问题，从而导致一系列病床紧缺、医护人员数量不足等问题。对医院档案进行信息化建设，能够降低纸质档案的购买和保存成本，通过数字化和图像化的呈现代替要求严苛的各种胶片资料的购买及储藏室的建设，节省人力、物力，从而使医院的人力、物力涌向更重要的位置。同时档案的信息化建设也能统一医院档案的格式、内容等标准，提升档案管理的全面性和科学性。

在降低成本与提升档案管理全面性和科学性的基础上，医院能够根据实际情况对医疗资源进行合理的配置，有效地缓解看病难的社会问题，提高医院整体的工作效率。具体措施有：建立网络档案资源实时共享机制，方便医护人员了解患

者的实际情况，从而简化看病流程，缩短患者的等待时间，缓和医患关系；利用计算机对近期患者的资料进行大数据分析，了解各科室的问诊情况，对医护人员进行合理的分配，保证每个科室人员分配合理。同时通过共享网络档案，与其他医院进行档案的对接，交流病例方面的专业知识，并参考其他医院的档案信息规划，优化本院的档案，进一步提升医院的管理水平。

十三、减轻医院档案管理人员的工作压力

面对繁重的档案管理工作任务、琐碎的档案信息数据、烦琐的档案管理工作环节，档案管理人员势必承受巨大的工作压力，还难以取得理想的工作效果。即使档案管理人员在主体上具备过硬的专业知识和能力，在主观上也具有做好档案管理工作的责任意识、质量意识，但在过重的工作压力下，也可能出现各种疏漏、错误，这会让档案管理人员进一步怀疑自己的付出和价值。将信息技术运用到医院档案管理工作中，可将大部分机械性、重复性的工作交由信息技术处理，作为工作人员只需用自己的档案管理专业知识、能力，负责下指令即可，在提高医院档案管理效率与质量的同时，也减轻档案管理人员的工作压力。

第二章 医院档案管理的基本理论

医院档案主要记录了医院的工作内容和发展过程，是医院的信息中心，也是医院整体结构的关键组成部分。医院档案管理是医院的主要管理工作之一，也是医院医务人员更新知识和获取信息的关键，它的重要作用不容忽视。医院在不断发展的过程中，要充分重视并切实做好档案管理工作，充分发挥现代技术手段的优势，为医院的高质量发展提供动力。本章围绕档案管理概述、医院档案管理的分类、医院档案管理的基本要求等内容展开研究。

第一节 档案管理概述

在医院管理工作中，档案管理是一个非常重要的环节，保存的档案可以准确地记录医院的历史变革，并为医院未来发展方向的确定提供参考依据。只有深入了解医院档案管理的特点与意义，才能更好地利用医院档案，充分发挥档案在医院管理中的作用。

一、档案管理

（一）档案管理的定义

1．档案

（1）档案的定义

《中华人民共和国档案法》2020年6月20日第19次修正版第二条将档案定义为：过去和现在的机关、团体、企业事业单位和其他组织以及个人从事经济、政治、文化、社会、生态文明、军事、外事、科技等方面活动直接形成的对国家和社会具有保存价值的各种文字、图表、声像等不同形式的历史记录。[①]

这些记录包括所有对国家和社会有保护价值的政治、经济、军事、科学、文化和宗教活动。从这个概念来看，档案的定义非常广泛，各种具有人类保存价值的记录都可以被称为档案。因此，档案是形成者控制和使用以供将来参考的具有凭证价值的信息记录。

（2）档案的价值

档案是历史留痕的载体，是岁月凝固的容器，它不惊艳，不张扬，却时刻散发着内在的光芒，这种“光芒”其实就是档案价值。

档案价值具有可变性和时效性，其中可变性包括量变和质变。所谓量变是指随着时间的推移和档案利用范围等的变化，档案价值发生增大或减小，呈现递增或递减的趋势。量变到一定程度就会引起质变，档案价值的质变主要就是指档案的价值形态发生变化，从潜在价值到现实价值、从第一价值到第二价值的转化就属于档案价值形态变化的形式。

档案价值的时效性是指档案对社会的有用性是有时限的，某些档案在一定时期内对利用者是有价值的，超过这个时限后则降低或丧失了价值。档案价值的时效性，主要是由于社会的变革发展导致档案利用者的需求发生变化，而任何档案对于同一档案利用者及其需求来说，有没有价值以及具有什么样的价值，不会因为档案价值客体本身不变而保持不变。若档案利用者及其需求有所改变，那么档案价值客体对档案利用者及其需求的价值也会在性质或程度上发生改变。

档案的价值主要体现在以下两个方面。

第一，档案的情报价值。

档案的情报价值一般也称作参考价值，是指档案所记录的信息对档案形成者以及除形成者以外的其他形成机关、组织或个人具有参考作用。在我国档案事业发展的历程中，人们似乎更加重视档案的证据价值，而“轻视”其情报价值，有时甚至会把档案的情报价值也当成证据价值，导致档案的情报价值被掩盖。

第二，档案的文化价值。

档案具有历史文化性，承载着一个国家、一个民族甚至是一个家族的历史文

① 许艳芳，岳春红．新时代背景下《中华人民共和国档案法》修订解读与贯彻路径探究 [J]. 档案天地，2022（12）：54–56．

化变迁与发展，是人类社会精神文明的重要载体。档案的文化价值是档案“与生俱来”的，档案具有记录、蕴蓄和传播文化的功能，档案从内容上说是文化沉淀的积累，从形式上说是文化传承的媒介。档案的文化价值具体可以分为民族文化价值、文化创造价值、学术文化价值、文化教育价值、文艺创作价值、文化鉴赏价值等。

2. 档案管理

档案管理是指档案、档案室、档案中心和其他档案机构对档案实体进行直接管理，对档案信息资源进行开发利用的各种业务工作的总和，包括档案的收集、鉴定、整理、存储、检索、汇编、研究、利用和统计。

（二）档案管理的重要性

档案管理工作是档案业务的关键性构成。加强档案的科学化管理，实现统一化与集中化管理，能够实现档案的科学性分类、排列、编目等，促进管理质量的提升，同时对整体档案业务进行科学梳理，充分挖掘档案的内在利用价值，推动整体档案业务工作顺利开展。

档案是对各项工作的真实记录和体现，是单位运行历程以及工作情况的真实体现，因此具有较强的法律效力，可以作为原始材料发挥其法律凭证以及依据功能。

档案是单位运行发展中的基础性文件，具有较高的信息服务和参考价值。提高文书档案管理工作质量，可以为单位发展决策的制定提供依据，保障决策的科学性与合理性。因此需要加强对档案管理工作的重视，加大资源投入力度，提高管理质量，方便查询和利用档案，充分挖掘档案的价值。

二、医院档案管理

（一）医院档案管理的概念

1. 医院档案

医院档案主要记录医院的日常工作和发展建设过程。医院在日常的诊疗过程中和大量的临床实践中会产生许多档案。这些档案主要包括教学数据、医疗数据、行政数据、科研数据和基本建设数据。生成的价值数据类型包括纸质文件、实物载体、电子信息、音频和视频等。这些资料与医院的稳定运行和健康发展密切相关。

2．医院档案管理

医院档案管理是对医院发展历程中产生的所有有价值的信息资料进行收集、记录、分类和整合。医院档案管理是医院的主要管理工作之一。

（二）医院档案管理的过程

1．信息收集

医院档案管理的信息收集是整个档案管理工作的开始，它与后续环节的推进密切相关。如果出现问题，将会严重影响档案的分类和编目，难以满足后续应用的需求。为此，在收集医院档案时，要运用各种现代信息技术，有特殊情况时要独立归置相关档案，必须明确档案收集的各项流程和工作内容，由专业人员收集完成后进行数据录入和备份，避免信息遗漏。

2．规划整合

信息收集程序完成后，要进行规划整合，使档案存储可以“整齐划一，井然有序”。这一阶段的工作开展得是否顺利，会对之后医院档案的查询进度产生直接影响。如果工作出现偏差，后续档案的利用价值会大大降低。需要合理应用数据库进行统一规划，确保各工作环节之间的关联性，完成后要进行二次核验，使管理工作更加规范化、标准化，进一步提高档案的应用效率。

3．真实鉴定

在医院档案管理工作中，还需要做好价值分析，判断各种档案是否真实有效，为后续的决策和规划提供帮助。在医院档案进行收录前，应对上级下达的命令和通知分别进行管理，对于无需保存的数据应及时在数据库中删除。同时，为了确保医院档案鉴定工作的有序进行，各部门必须积极配合完成审核，落实档案的过程管理，以便能够全面实施。

（三）医院档案管理的特点

医院档案管理具有复杂性、关联性、专业性、广泛性、载体多样性的特点。

1．复杂性

医院档案管理的内容复杂多样、工作量大，主要表现在以下两个方面。

①医院档案涉及广泛的领域。医院档案是对医院各项活动的记录，涉及的方面非常广泛，包括病案、文书档案、科研教学档案、财务档案、设备档案、药品处方、基础设施档案、人事档案、会议记录等多种类型。从载体的角度来看，医院档案包括纸质档案、声像档案、电子档案、胶片档案、实物档案等多种载体。类别繁杂和载体过多导致医院档案管理的内容多样，工作复杂。

②医院档案产生速度快。首先，医院档案种类繁多，患者的病历和病案是医院档案的重要组成部分。患者又进一步分为门诊患者、住院患者等，医院的日门诊量非常高。其次，住院患者看病时间较长，且治疗内容较多，会在医院系统中形成大量的病案。最后，医院管理岗位进行日常上下级来文沟通、招聘、会议等日常事务，也会留下各类档案。综合以上内容，会不可避免地增加医院档案管理的工作量。

2. 关联性

①医院各类档案关系密切。从患者就诊开始，便会形成医院门诊记录、CT胶片、检验结果等不同类别的医疗档案。而患者从挂号、就诊、复诊乃至住院所形成的病程记录，在确定其治疗方法前，还需经过不同科室、不同人员结合其实际反复讨论。病例、化验结果、胶片档案都需要在各科室之间反复利用，以提升治疗准确度。这种关联性还体现在医院病案、胶片档案等不同载体的档案关联度上。

②医院档案“一案多用”。对于相同的医疗档案，不同的职能部门有不同的用途。对于同一案例，临床科室可以作为案例讨论，也可以作为教学档案，对学生进行临床教学。宣传科可将其制作为影像资料向大众展示，更直观地向外界宣传医院的理念或成果。

3. 专业性

医院档案有多种类型，每一种档案都有自己的要求和规定，即各种档案都有专门的管理方法。在病历的建档和管理方面，不同专业的科室遵循不同的规章制度，所使用的术语也不相同。因此，在病历的书写中，不同专业的科室之间不能相互替代。

不仅如此，医疗技术部门和行政职能部门的档案还具有其自身的档案管理特点。由此可见，医院档案工作有较强的专业性。

4. 广泛性

医院档案管理主要包括医疗管理档案、护理档案、文书档案、人事档案、科研档案、领导干部廉政档案、党员档案等。此外，医院档案基本分散在各部门，按照自身的业务特点，进行归档管理。随着时代发展与档案管理要求的提高，部分医院在档案管理方面出现了诸多问题，甚至间接地影响了医院的发展。因此当下必须重视医院的档案管理，解决管理中遇到的问题。

5. 载体多样性

在传统的档案管理模式下，医院的档案一般采用纸质方式保存，在查阅档案时直接翻阅纸质档案。但医院档案的数量正在逐渐增加，再加上这些文件需要记录图像和声音信息，需要光盘或CD作为载体来记录医院档案。在这种情况下，要想查阅医院的档案，就需要使用相关的设备和设施对光盘和CD进行解码。一般来说，纸质档案和数字档案是医院综合档案管理中更为重要的载体，可以满足医院档案信息记录的需要，形成了医院档案载体多样性的特点。

（四）医院档案管理的作用

医院档案在医院的整个运行过程中起着重要的作用，是促进医院全面发展的关键。只有充分了解医院档案工作的意义，才能促进医院档案工作的发展。

1. 记录医院的发展历程

医院可以通过医院档案了解医院的发展历程。医院的文书档案包括上级政策沟通、工作总结、工作计划、会议纪要等，记录了医院各时期整体环境和领导层变化对医院产生的不同影响。根据国家相关政策，不同时期的医院领导根据医院实际情况制定了规章制度和医院规划，这对医院诊疗水平的提高和多方面的发展产生深远的影响。医院的音视频档案和实物档案也通过各自的载体和形式展示了医院在不同时期的不同形象。医院总体外观的变化、曾经召开的会议、举办的文化活动和专题活动、获得的荣誉等，都可以体现医院发展的变化，也反映了医院在不同时期不同的人文内涵。

2. 为医院管理提供依据

一方面，通过医院档案了解医院的发展状况。数据是衡量医院发展情况的硬性指标，医院统计室人员将每月、每季度的门诊量、病床利用率等数据与同期相比，就可以了解医院与去年同期相比出现的变化，从而通过医院档案适度地进行人员调整。

另一方面，通过医院档案反映医院的运营成本。医院会计档案汇总显示医院运行设备的购买情况、人员工资支出情况、设备费用等。这样，就可以更好地控制医院运营各方面的支出，从而控制医院的运营成本，确保医院的正常运营。

3. 开展临床教学

临床教学档案记录了临床教学工作的开展情况和教学成果。在医疗活动中，将产生丰富的临床病例，并将大量临床病例产生的科研成果录入医院档案。这些档案不仅记录了成功的案例，还记录了教学或临床医疗活动中相对严重的错误。而这些错误能够为医院管理层以及临床大夫带来更为深刻的指导，如何避免这些错误以及如何将这些结果所展示出的问题进行良好的解决，避免重蹈覆辙，也是做好医院档案工作的重要意义。

4. 提升医院服务效果

近年来，在国家卫生健康委员会提倡提高医疗服务质量后，对医德医风的评价越来越重视。记录和评价个人医德医风行为是非常重要的，包括服务态度、医患关系、医疗服务行为等评价。这既为医务人员绩效评估奠定了基础，也为医院更好地开展医疗服务提供了管理经验。

第二节　医院档案管理的分类

一、根据档案的载体不同划分

（一）纸质档案管理

1. 纸质档案管理的发展

在纸张未被发明之前，我国主要依靠龟甲、兽骨、金石、竹简、木牍、缣帛等材料来记录事物。至西周时期，为了专门记录铭文，开始铸造青铜器。而在战国时期，缣帛开始被用作书写材料。这些档案载体的出现及其保管方式，为保护纸质档案提供了理论和技术基础。随着古代造纸术的发明和发展，纸质档案的管理技术也经历了相应的演进。在殷商时期，这种管理技术已经开始萌芽，并在秦汉时期得到了初步的发展。魏晋时期，纸质档案的管理技术进一步发展，并在隋、唐、宋、元时期逐渐走向成熟。明清时期，对纸质档案的管理技术进行了系统的理论总结，形成了完整的档案管理理论体系。

东汉时期，蔡伦对造纸技术进行了改进，制作了新型纸张，纸张质量得到了较大程度的提高。造纸术的发明是人类文化发展史上的一项辉煌成就。造纸技术作为一项化学生产工艺，在当时的社会产生了重大影响，开启了纸质档案的篇章，纸质档案的管理技术应运而生。

汉朝时期，中国的造纸工艺较之前更加完备，出现了分级蒸煮、日光漂白等工艺，显著地提高了纸张使用的耐久性。经过一系列化学反应，制造的纸张不会发生纤维降解，增强了纸张的耐久性，在纸质档案和管理工作中发挥较为重要的作用。

东晋时期，出现了染黄技术，不仅可以防虫蛀，还能够将纸的寿命延长，能够有效提高档案管理的质量。

南宋时期，发明了椒染纸工艺，该工艺以药物浸染的方法对纸张进行处理，增强其防虫害功能，有效地保护了纸质档案，使其能够在长时间内完整地保存。

在明、清两个朝代，在档案的管理工作上采取了多项强化措施，对档案进行保护。明朝中期对竹纸生产技术进行了改进，极大地提升了竹纸的生产效率与质量。清代以后，产生了具有防蠹虫功能的万年红纸，用于档案扉页与封底，能够有效地预防蠹虫对档案的损害。

2. 纸质档案管理的特点

(1) 查找快速

在保存良好的条件下，纸质档案可以相对直接、清晰的形式表达信息，并进行清晰的分类、排列，使档案管理人员能够快速获取所需的信息。

(2) 内容真实

纸质档案可以保证高度的真实性，并且对内容的任何调整都很清晰，可以更有效地识别真假，从而确保档案的真实性和安全性。与此同时，纸质档案不受电磁干扰的限制，可以更有效地防止档案的丢失和盗窃，从而延长了档案的使用寿命。

(3) 储存要求严格

纸质档案的存储要求非常严格。由于纸张的成分是纤维素，纤维素在酸碱试剂的作用下很容易被破坏，因此对纸质档案的保护要求相当严格。还要注意防火防潮，一旦发生火灾，全部将毁于一旦。

(4) 占用空间大

纸质档案所占用的空间非常大。纸质档案需要存储在不同类别的档案盒中，占用空间大，需要特殊的档案存储空间，还需要购买相关设备进行专门处理，无形中增加了存储成本。

(二) 电子档案管理

1. 电子档案管理的发展

科技发展促进了档案管理的发展，档案也已经由传统的纸质形式转化为电子档案形式。新时代，档案的存储形式已经发生了变化。在学术领域，电子档案的应用日益普及和便捷。这种档案管理方式不仅可以高效地收集、整理和保存大量数据，还有助于提高工作效率，降低成本，减轻人力负担。此外，电子档案数据库的强大功能也不容忽视，它为科研人员提供了更为准确、全面的信息检索和分析工具。加入大数据技术后，可以对数据库中的数据信息进行分析和研究，根据用户的需要进行整合，为用户提供有效的决策，提高档案的使用效率。

在当代社会，“数据”的概念被人们广泛使用，人们认为在计算机中处理的所有信息均可称为数据。相应地，在电子档案领域中出现了“数据档案”与“档案数据”的概念。档案的数据化与数据的档案化，或档案的数据属性与数据的档案属性，使“档案”与“数据”之间具有了极其密切的关联。具体而言，档案与数据在实践中的关联，主要体现在以下三个方面。

第一，传统档案数据化（数字化）。存量纸质档案等的数字化已经开展许多年了，预计几年内这项工作会基本完成。也就是说，几年后绝大多数的存量纸质档案都会变成数字（数据）档案。

第二，原生电子档案越来越趋向纯粹的数据化管理。传统档案与电子档案“双套制”已经实行多年，这种过渡模式即将结束，电子档案单套制会广泛施行并很快取代“双套制”。这个过程完成后，意味着原有档案管理系统的档案被全面、彻底地数据化了。

第三，新产生的各种计算机与网络数据被保存起来，成为档案化数据。在计算机和网络系统中，还会产生一些过去没有的数据，如软件系统数据、物联网数据、区块链数据等，这些数据被系统正式保存起来，它们也是数据档案。

2. 电子档案管理的特点

电子档案是当前应用最为广泛的手段，属于相对先进的档案管理形式。与传统的纸质档案不同，电子档案有着便捷的优势。在传统的档案管理中，需要大量的人力进行资料搜集、整理和存档，这容易出现档案损毁、丢失等情况。而电子档案管理避免了这个问题，电子档案管理的特点体现在以下几点。

①文本的多媒体功能可以借助电子文档系统进行展示，使信息内容表达得更加形象，更便于理解和记忆。

②电子档案存储的信息量大，占用的存储空间却很小，有利于电子档案高效、快速地复制、传输和短期存储。

③电子档案借助计算机对档案进行系统分类，可以节省人力、物力，能够快速地找到所需材料，为查阅提供便利。

对于医院来说，档案管理工作十分重要，无论是成功的案例，还是错误的病情分析，都将为研究提供临床数据支持。在传统的档案管理中，纸质档案容易损毁，保持程度不高，并且需要占用更多的空间。而有效地进行档案管理改革，加强电子信息档案的使用，一方面可以加快档案查询和使用的速度，满足日常管理需求。另一方面对于档案可以直接进行专业分析，在大数据系统下进行多项治疗措施、方案的分析，有利于解决医学上的难题。

总的来说，合理有效的档案管理对医院的管理、发展、内部控制具有重要的作用。在这个电子档案和纸质档案并存的时代，电子档案和纸质档案各自存在优缺点，要想使档案管理更好地发展，需要考虑电子档案和纸质档案的不同特点，以发挥它们各自的优势。同时，医院在进行档案管理的过程中，还需要考虑到实际的档案情况，有针对性地选择电子档案或纸质档案进行保存和管理，以确保档案真实、有效、可靠、安全。

二、根据途径和利用方式划分

（一）医院人事档案管理

1. 人事电子档案

随着计算机和网络的高速发展，在形成、处理人事档案的过程中产生的具有保存价值并归档保存的电子文件就是人事电子档案。其相对于纸质档案具有以下优点。

（1）高效率

人事电子档案用数字化的形式储存在计算机中，形成档案信息库，利用计算机系统管理，可以随时检索、调阅，降低了档案工作人员的劳动强度，提高了工作效率与质量。

（2）高保护

随着利用次数的增加，人事纸质档案的纸张易老化，原件易受到破坏和伤害。而人事电子档案在复印、打印、查阅过程中，原件不会有损伤，数据可以完好地保存在计算机存储器中。

（3）高环保

人事电子档案不需要大量的纸张编写、复印，节约纸张、办公空间和保管费用，创造了无形的价值。

2. 医院人事档案管理的特点

医院人事档案管理相对其他档案管理而言，具有专业性、及时性、服务性、保密性、丰富性、关联性和广泛性等特点。

（1）专业性

医院人事档案管理工作包括保管、收集、鉴别和整理干部档案材料，办理干部人事档案的查阅、借阅和传递等工作。在这一过程中，医院档案管理人员要充分运用专业的档案管理知识进行人事档案管理工作。所以，医院人事档案管理具有专业性强的特征。

（2）及时性

医院人事档案管理在收集材料的过程中，原始材料众多，入档资料不是不变的，会不断出现一些新材料。因此，必须做好新旧材料的收集，并及时归档有效的材料。为了防止积压和遗漏材料，必须缩短档案与档案管理人员之间的“时差”。

（3）服务性

医院人事档案信息贯穿个人的职业生涯，涉及范围很广。例如，在职称评估和申报中，可以在人员档案信息中提供单位人员调动、户籍检查、财产公证和证据收集等信息。

（4）保密性

医院人事档案的内容涉及员工的简历、自传、评价（鉴定）、政治历史、入党、入团、奖惩、处罚、任命、工资等情况，属于个人隐私。人事档案管理人员在档案管理过程中，要树立牢固的职业道德意识，保护医务人员的个人隐私，做到不涉密，不公开人员档案信息。

（5）丰富性

医院人事档案的建档时间比较长，而且内容比较丰富。医院的人事档案不仅包括医护人员的人生经历、教育培训等基础性内容，还包括病历、科研成果等技术性内容，因此医院人事档案涉及的内容是比较多的。

（6）关联性

医院人事档案的关联性较强。经过长期实践，医院收集整理了大量的人事档案，这些档案的价值极大，并且档案之间存在较大的关联性，需要医院长期完整地保存。

（7）广泛性

医院的人事档案涉及的领域非常广。医院人事档案具有很强的服务性，记录了患者的各项诊疗信息，反应出医院的医疗能力和诊断水平，是医院的历史教科书。

（二）医院文书档案管理

1. 文书和文书档案

文书是档案的前身，是档案的基本来源，档案是文书的变体，是文书的主要目的。文书和档案主要是指机关、组织、企业事业单位在行政管理实践活动中产生的，由各种重要的、有保存价值的文书材料转变过来的档案。其本质突出强调行政或政治档案在档案大家族中的主导地位。文书档案是国家实现高效管理，社会进行有效的社会信息资源交流的重要媒介。文书档案工作是整个档案工作不可或缺的组成部分，不仅关系到立档单位文书档案工作的整体质量，而且对全国的档案管理水平产生重大的影响。

2. 医院文书档案管理的定义

医院文书档案是医院在行政管理事务活动中产生的，从通用文书转化来的具有保存价值的文件的总称。文书档案管理工作是档案管理的重点部分，其管理水平的高低对档案资料的完整性、真实性和质量产生直接影响。医院文书档案是指医院在处理日常事务、履行职能及进行内部管理等活动中直接产生的、有保存价值的文件，涉及公共卫生服务管理以及疾病治疗等事务，是医院开展各项活动的真实记录与凭证，更是医院宝贵的信息资源。

3. 医院文书档案管理的内容

医院文书档案管理工作，大体上包括档案征集、整理、鉴定、检索、利用、编研、统计等。

（1）档案征集

档案征集是医院文书档案管理的起点，医院的档案管理部门将其他科室的各种文书材料（包括电子文书资料，以及与之对应的纸质的资料）存档汇集，对散存有价值的文书文档实行广泛征集。

（2）档案整理

档案整理是医院文书档案管理日常工作的重要基础，为规范有序的管理工作提供保障。

（3）档案鉴定

档案鉴定是医院文书档案保存和销毁的关键决策过程。在这一过程中，需要对档案进行评估和鉴定，以确保档案的真实性，并确定其保存价值。通过这些步骤，可以确定档案的保存期限。一旦档案过期，将按照规定的程序进行销毁。这一过程是医院文书档案管理中最为关键且最具挑战性的工作环节。

（4）档案检索

医院需要加强过程管理，严格监督文书档案检索工作，实现快速有效的、安全的利用。

（5）档案利用

医院档案管理的根本目的，是通过各种方式向利用者提供档案信息。

（6）档案编研

档案编研是一项高度专业的工作，以原始档案为基础，根据需要编写各种档案和文献，主要为医院领导提供有价值的参考。

（7）档案统计

档案统计为医院档案资源的管理工作提供完整的统计信息，有助于了解库存文书的类型和内容等信息，有利于加强文书档案的信息化和科学管理。

医院文书档案管理的各个环节既有区别又有关联，相互约束，相互促进，构成了一个稳定有序的整体。

4．医院文书档案管理的特点

医院文书档案管理的特点主要有以下三点。

①内容丰富，载体繁多。文书档案是医院实际工作的记录和真实反映，涉及档案工作的各个方面，正因为如此，极大地赋予了文书档案内容的丰富性。同时，由于实际工作和活动不同，文书档案的载体包括责任书、协议、音像文件、照片、请示、批复、通知、简报、信函、会议记录等，根据载体的形式主要分为纸质和电子两大类。

②文书档案管理的重要功能是收集、保存和利用资料。记载历史是档案管理的重要功能，使后人可借鉴引用历史资料，做出新的改革、决策等。

③文书工作对档案管理工作产生直接影响。因为文书是在医院工作中形成以及处理的，而档案源于文书，文书处理和档案管理二者之间相互衔接，密不可分，因此文书工作对档案质量产生直接的影响。从这个角度来看，文书工作可以说为档案工作奠基，文书的质量决定了档案的质量，因此把握文书工作质量，就是把握住了档案管理工作的“命门”。

（三）医院科研档案管理

1．科研档案

科研档案即科学技术研究档案，指在基础研究、应用研究和开发研究（发展研究）等科学技术研究活动中形成的科技档案。

2．医院科研档案的定义和内容

医院科研档案，主要是指围绕医院科研课题（项目）形成的文件和资料，包括科研课题立项、研究、成果与转化等各个阶段的相关材料，其内容主要有以下部分。

（1）展开研究的依据性材料

展开研究的依据性材料主要指在医学科研准备阶段形成的材料。具体而言，包括科研规划、查新检索资料、审批文件、重点项目提案、可行性论证报告、授权委托书、开题报告、科研项目调研书、科研项目任务书、科研项目合同、经费预算书等。

（2）进行研究的实验材料

进行研究的实验材料主要指在医疗研究实验阶段形成的材料，具体包括课题研究方案、研究实验大纲、课题实施计划、实验记录、实验报告、标本、技术文件、图纸、年度进展及执行情况报告等。

（3）进行总结、鉴定、评审的材料

进行总结、鉴定、评审的材料具体包括研究工作总结、研究报告、科研论文、学术专著、参与者名单、科技成果鉴定报告、科技成果鉴定证书、科研资金投资、决算材料等。

（4）成果奖励、申报材料

成果奖励、申报材料具体包括科研成果鉴定申请表、科研成果鉴定证书、科研成果奖励申报书、推广应用后取得的经济效益和社会效益的相关证明、取得奖励的证书等。

（5）推广应用材料

推广应用材料具体包括科研成果在医院的推广应用方案、报告书、科研成果应用于医疗业务的成效反馈意见等。

3. 医院科研档案管理的特点

（1）专业性

医院科研档案的专业性是它区别于其他类别档案的重要特点，主要体现在产生领域的专业性和内容的专业性方面。

一方面，医院科研档案产生领域在医学界，从形成之日起就伴生于医疗业务活动，每一项研究都基于专业的医学实践，具有强烈的学科色彩，故所产生的科研档案反映了医学学科的特点，体现了医学的性质与功能，具有强烈的医学专业性。

另一方面，医学本身就是一门涵盖多个分支专业的综合性学科，其中的分类支系较多、较复杂，不同分支专业形成的科研档案具有各自不同的特点，具有内容上的独特性。例如，心血管内科与骨科形成的科研档案，在内容与形式上就有所区别，彰显出各自的专业特点。

（2）成套性

医院科研档案是以单个科研项目为单位集中保存的科技档案。它将医学科研项目过程中形成的所有文字、图片和影像作为一个立卷单位，围绕其进行对档案的收集、整理、保存和利用。医院科研档案反映了医学科研活动在准备、实验、总结、考核和评审、成果奖励申报、推广应用等阶段的整体情况。它们是一个全面、系统的文件整体，联系紧密，不可分割，需要成套管理。

（3）现实性

医院的科研档案是对医疗业务和科研工作经验的总结和升华，对医院的医疗、科研和教学具有巨大的利用价值，在医院工作中发挥现行效用，并具有较强的实际应用价值。

首先，科研档案对医院的医疗业务具有现实性。医院科研档案提供的新技术、新成果，能够推动医院技术革新，推动医疗实践进入更高台阶，间接为医院创造一定的经济效益和社会效益。

其次，科研档案对医院的科研活动具有现实性。一项医院科研项目的展开，离不开对其他项目的借鉴，科研档案在此发挥着不可替代的作用。

最后，科研档案对医院教学具有现实性。大部分医院承担着医学院校一定的教学任务，科研档案是其教学工作中内容丰富、数据真实、形式规范的活教材。

（4）周期性

医院科研档案旨在真正反映医学研究的过程和结果，医院科研活动从立项到结束，不仅内容多、范围广，而且周期长。因此，相关的科研档案也需要一个较长的形成周期。医院的科研档案是对科研人员科研活动成功与失败的总结，是对医院科研活动整个过程的见证。因此，科研人员需要在长期的科研过程中注重收集和保存相关资料，最终形成一份完整、全面的科研档案。

（5）学科交叉性

医院科研档案的特点决定于科研活动的特点，医学科研活动本身具有综合、学科性强的特点。

一方面，医院科研活动涉及临床医学、护理学、影像学、检验学、生物学、伦理学等各个医学分支专业，牵涉医院的内科、外科、妇产科、影像科等各科室，需要各部门协同完成，是多专业交叉互助的综合性研究活动。

另一方面，由于科技的发展，许多医学研究课题不仅仅局限于医学领域的知识与技术，还需要诸如管理学、信息学、经济学、材料学等其他学科的参与，如此才能顺利结题。因此，当今医学界仅靠一门学科或一种专业完成一个重大课题的研究越来越难，更多的是呈现多学科或多专业交叉研究的趋势。

作为医院科研活动原始记录的科研档案，自然也是多学科或多专业交叉研究的结果，体现了各学科或各专业相互融合的趋势，具有一定的学科交叉性。

第三节　医院档案管理的基本要求

医院档案管理的目标是档案的及时收集、档案的标准管理、档案存储的数字化和档案利用的网络化。因此，人员、制度、模式、开发利用是医院档案管理的关键环节和有效途径。

一、对档案内容的基本要求

医院档案管理最终用于信息的查询、借鉴、沟通和交流，其内容必须真实可靠、符合国家各项法律法规的规定，减少各种违法、违规现象的发生。

（一）严格规范公文处理

对于档案来说，分为收集、整理和存档等工作内容，因为各部门工作人员的专业素质各不相同，所以在实际工作中对于起草公文的掌握程度各不相同，导致起草后的公文质量参差不齐。在拟定公文上主要有以下几个方面的问题：文种使用不当；附件标识比较混乱；公文主题词标注不准确，不利于检索查找；数字使用不规范；等等。

以上操作就会导致公文的内容与实际要求不符，进而影响档案的立卷与归档。为此，就需要拟定公文的工作人员在日常工作中明确自己的责任，并能规范处理公文的初稿，严格按照相关规定进一步审核。特别是针对一些需要突出中心的文字更是要严加注意，一旦发现问题需要和相关的部门及时沟通，尽量在初稿阶段就解决所有的问题，以此确保公文的实际质量，保证档案的水平高、质量高。

（二）确保病历的质量

1. 监控环节病历质量

作为医院质控部门，应严格按照规定抽查、审核医院各个科室住院病人的环节病历质量。

应坚持及时性、准确性和客观性的原则，重点审查科室是否对病人的病史进行了详细询问，并确保记录的客观性和真实性。严禁使用查体记录的模板来替代病患的个体化查体记录。诊断分析和拟诊讨论必须具有依据，同时确保诊疗计划具有针对性。日常病程记录应充分反映病患的病情变化、上级医师的诊疗意见、对异常检查或异常检验结果的处理、更改治疗的原因及其效果等。一旦发现环节病历存在问题，必须及时纠正，并严格控制环节病历的质量。

2.监控终末病历质量

终末病历是指医务人员在完成对病人的治疗过程后生成的电子病历。为了确保其质量，质控部门需要严格把关归档病历的质量，并及时将电子病历的问题反馈给相关科室。在不影响电子病历原始性和真实性的前提下，需要进行补充和完善。

监控措施主要有：科室主任负责全面落实归档前电子病历的质检工作、评分工作、签署工作等；归档电子病历之后再由医院质控部门检查终末病历的首页、病历记录、病程记录等的质量，督促书写人第一时间整改，同时将电子病历所反映的管理方面的问题、医疗方面的问题等反馈到科室，提高记录价值，预防保存的电子病历质量不过关。

二、对管理工作的基本要求

（一）严格执行工作流程

按照法定程序，把好档案管理从收集信息、资料储存等整个过程的质量关，保证科学性、可行性，注重依法审查、检验、记录和交接，有的放矢做好收集、归纳，依法记录、整理、收藏，严防遗失。

1.明确归档范围

为规范归档过程，确保档案归档管理的时效性、严谨性和完整性，设立专职档案管理人员，控制档案质量，负责部门档案的收集和整理。对档案行认真审查，确保档案的完整性，规范整理，有序交接。档案管理人员应对档案的规范性和完整性进行判断和审查，确保档案齐全完整、真实有效、符合规定，并确保档案的完整存储。

2.及时立卷归档

档案的整理就是将零乱、分散的档案进行组件（卷）、分类、排列、编目和编号等工作，形成系统化档案，促使档案工作有序进行。

（二）严格规范工作方法

对医院档案管理工作的方式进行规范化管理。想要实现医院档案管理工作的规范化，还需要将规范化管理的重点放在档案管理工作的流程和方法上。

首先，档案管理人员应定期对其管理的档案进行审查，以确保档案的准确性和完整性。通过定期的筛查，可以识别并清除无用的信息，以减少档案的冗余，提高检索效率。

其次，医院档案的整理工作一定要采用科学的整理方式，不同的档案分类存放。如可以按疾病性质、时间等做好档案的整理工作，从而提高档案管理的工作效率。

再次，档案管理人员应充分利用信息技术完成档案的规范化和标准化管理，定期将新的档案进行录入，并做好信息化整理和保存，一定要做好备份管理，避免因为意外事件的发生，导致档案丢失，带来更为严重的后果。

最后，档案管理人员要加强对纸质档案的管理，纸质档案很多时候都是非常重要的档案，所以更应该对其进行规范化管理。纸质档案最好密封保存，并放在特定位置，避免随着时间的推移，档案受到损害或者腐蚀，给档案的完整性带来直接影响，阻碍医院档案管理工作规范化管理目标的实现。

（三）加大资源扶持力度

医院对于档案管理工作的建设，不仅要从档案管理人才着手，还要从自身着手，应该根据档案工作的重要性、特殊性、复杂性进行结构性改进，通过资源配套、资源扶持来解决医院档案工作建设难题。

首先，邀请管理专家和技术专家进行档案管理讲解，使档案管理人员熟练使用编程技术，做好医生和患者的需求调研，进行技术改进。

其次，拿出部分专项资金进行业务培训，引进新设备、新技术，与“云平台”合作，进行数据处理，对医院档案管理人才进行学习奖励、业务标兵奖励，鼓励良性竞争。

再次，给了一定的学习交流机会，把优秀的档案管理人员派往其他医院进行交流，学习先进经验，相互取长补短，走出去、多学习、多交流是创新工作的第一步。

最后，提高医院档案部门的话语权和薪资待遇。

（四）努力提高工作效率

发挥档案的实用价值，运用档案明确医疗工作现状，梳理医疗改革存在的问题，对于实现医疗资源的优化配置具有至关重要的作用。因此，医院应当引进必要的档案管理技术，并结合现有档案管理工作的实际配置更专业的技术设备。同时，应当引进新技术，提高信息技术的使用效率，配备档案管理技术设备和软件系统，以适应大数据技术改革的趋势，从而提高档案管理的整体效率。

（五）加强防范网络风险

1．加强防范的必要性

医院档案的数据量较为庞大，信息资源的利用率高，需要以医院为中心构建一个完善的档案运转体系。在“互联网＋”环境下，医院档案信息管理部门肩负着更大的责任，需要有效控制风险，避免档案供给不及时、不准确和不全面，降低档案共享时存在的风险，提高安全性。

在大数据技术的支持下，要进一步提高档案的管理水平，降低档案丢失、病毒入侵等风险，必须加强对档案的备份和管理。

2．加强防范的措施

①要加强网络建设与软件系统的开发，增强档案风险控制的科学性，不断建立健全档案管理机制，加强对档案的实时控制，从根本上降低医院档案共享带来的各种潜在风险。

②在实际的档案管理工作中，有关部门应加大对档案的管理，尽量采用目前最科学、最好的密码技术，以保证档案的安全。

③可以在医院的局域网中设置相应的防火墙和管理系统的登录权限，从而提高医院的文件数据库的保密性。

④加强医院内部局域网的独立性和外部网的加密性，提高医院档案管理工作

的安全性，最大限度地防止网络病毒的侵入，从而促进医院的信息化建设。

（六）努力提高医疗水平

病历档案是医务人员对患者的疾病从发生开始，到进行检查化验、明确病症并进行诊断，再到治疗等医疗活动的全部过程的记录。对于患者来说，是极为重要的治疗记录信息；而对于医院和医务人员来说，也具有巨大的研究价值。

首先，医院病历档案可以为医务工作者提升医疗技术水平起到学习和借鉴的作用。其次，无论是单个特殊的病例，还是多种相似病例放在一起，特别是在大数据技术、信息化越发成熟的今天，大范围的病历档案研究，有助于一个地区甚至一个国家针对某一单一病种的诊断和治疗。所以说病历档案对于各类疾病的防治有着不可替代的研究价值。

同时，医院病历档案所展示出的手术难度、病情的复杂程度，更是大众对医院医疗水平进行合理认知的关键凭证，从而可以促使医务工作者提升医疗水平。因而，加强对病历档案的管理，是保证医院医疗活动正常进行，并提高医疗技术水平的关键。

（七）着力解决医疗纠纷

病历档案是医生针对患者整个发病、治疗过程的客观记录。病历档案要求必须真实、准确、及时、完整地记录医疗过程中的内容。这些记录对于患者的康复、医生的检查都有佐证作用，是处理医院与患者之间医疗纠纷的法律依据。

影像记录是在处理医疗纠纷过程中，协商过程的客观记录。患者及其家属在治疗过程中或治疗结束后对医院治疗结果产生疑问，进而进行协商时，有时由于处理结果无法达到预期，可能会有情绪较为激动的表现，此时监控中所留下的影像记录就成为确凿的证据支持，作为处理纠纷时的有力依据。

三、对管理人员的基本要求

（一）加强人才队伍建设

以人才建设为抓手，适应知识经济时代的发展要求。

在知识经济时代，人才团队的活力将影响到医院档案管理工作的整体质量。

因此，医院必须树立“强人才”的基本理念，充分发挥人才在档案标准化管理中的作用。

1.创新人才培训体系

要结合“十四五”时期档案管理工作的基本要求，对现有的档案人才培养机制进行创新。一方面，医院要以培训为抓手，注重“拓视野、强素质、提能力”，探索构建“互联网＋培训”模式，打通档案培训的“最后一公里”。建议进一步发挥微课等微视频在培训中的作用，鼓励档案工作者自主学习相关的理论和技能。另一方面，医院可以探索举办档案职业技能大赛，为广大档案工作者搭建平台，让档案工作者以赛代练、以赛促学，培育更多的专家、造就更多的大师，带动全系统大力弘扬工匠精神，让专业更专、业务更精。

2.创新档案培训内容

建立深入的档案培训课程，强调前沿与科学的训练内容。首先，医院需要不断深化对大数据、云共享、区块链、人工智能等技术的理解，以帮助档案管理者更好地理解这些技术的性能和应用场景，从而为档案数据库的建设和数字化档案的转型奠定坚实的人才基础。此外，还应从档案的编制、研发、保护和恢复，以及档案的科研等方面进一步优化培训内容，以全面提高档案管理者的应用能力和创新能力。

3.培养创新型人才

加快技术人员培训，形成与“技术＋档案管理”相结合的数字档案管理体系。医院应招聘计算机领域的人才，为计算机背景管理、文件管理系统背景管理和技术应用奠定基础。此外，进一步深化与档案、图书馆等特殊部门的合作，建立联合人才培训平台，不断学习专业部门在档案资源标准化建设方面的先进经验，不断为档案管理工作注入新的活力。

（二）提高人员的综合素质

档案管理工作具有长期性、复杂性、综合性特点，医院档案管理人员要具备较高的责任意识、爱岗敬业的精神和专业技能。此外，由于档案管理工作具有枯燥性和机械性特征，部分医院档案管理人员容易对工作失去热情，怀疑自我价值，这会对档案管理工作的效率和质量造成很大的影响。

为了大大提高档案管理的效率，必须提高档案管理人员的综合素质。要对医院档案管理人员进行工作态度和专业技能培训，加强思想教育，培养责任感，让档案管理人员在工作中找到自我价值，实现档案管理的价值。同时，制定相应的奖励制度，给予档案管理人员精神和物质奖励，提高档案管理人员的积极性和主动性，对工作中犯严重错误的人进行处罚。

档案管理人员要改变传统的档案管理理念，对现有的档案进行系统化的整理，排除不适宜标准化建设的档案，并严格遵循档案管理的标准和规范，以确保档案管理效率的提高。

第三章　医院档案管理的基本内容

医院档案管理主要包括教研室与临床实验室档案管理、科研信息档案管理、病历档案管理、人事档案管理、装备档案管理、固定资产档案管理、后勤与设备档案管理等多方面的内容。医院档案是在医务管理、科学研究、医疗诊治、学术交流等活动中形成的，具有保存价值的不同形式的文件材料，是医院管理工作的重要组成部分。本章围绕医院教研室与临床实验室档案管理、医院科研信息档案管理、医院病历档案管理、医院人事档案管理、医院医学装备档案管理、医院固定资产档案管理和医院后勤与设备档案管理等内容展开研究。

第一节　医院教研室与临床实验室档案管理

一、医院教研室档案管理

（一）医院教研室档案管理的重要性

1. 有利于教学经验的总结

医院教研室的教学档案实事求是地记录了医院承担的各种教学任务实施情况，包括一些教学经验和教训的总结报告以及各种教研成果。医院的教研室可以充分利用、研究这些教学档案资料，从中不断总结教学上的经验并吸取教训，从而使医院的教学水平得到提高。

此外，改进招生计划、革新教学方法与手段，均需要参考和利用教研室的教学档案。一般来讲，医院教研室的教学档案越是充分、齐全、详细，在教学内容革新以及教学方法改进方面发挥的作用就越大，教研室教学档案管理的水平直接关系到教学工作的进行。

2. 有利于各医院挑选人才

医院教研室的教学档案记录了学生在临床实习过程中所受到的各种奖励和惩罚，客观地记录了每个学生的特点和特长，以及每个学生每项临床实践的能力和成绩，记录了每个学生的学习情况、态度以及健康水平等。在招聘和选拔人才时，教学档案可以提供学生在临床实习中受到的奖励、惩罚及其特点、特长、能力、成绩等信息，为医院选择最适合的人才提供参考依据。利用这些档案材料可以客观地评估学生的医疗技术水平、学习态度、沟通能力等，为医院招聘和选拔工作提供重要依据。教学档案记录了学生在临床实习过程中的能力和特长，通过对这些信息的分析，医院可以利用学生的优势和潜能，调动他们的积极性和创造性。对于有特殊才能或擅长特定领域的学生，医院可以提供相应的培训和机会，让他们发挥更大的作用，为医院的发展贡献力量。教学档案记录了学生的学习情况、态度以及健康水平等，通过对这些信息的分析，医院教研室可以发现学生的思想问题，并及时进行思想教育和引导。通过引导学生树立正确的人生观和价值观，使他们成为既具备精湛医学专业技术，又具备优良医德的医务人才。

3. 有利于提高带教教师的责任心

现在各大医学院校教师的教学任务量和教学质量鉴定以及教师的晋升均需要教研室档案部门出具归档证明，也就是说带教教师的临床教学数量和质量情况均会归档，而且直接影响其晋升与否，与他们的现实利益直接相关。这就促使带教教师在临床教学实践过程中端正态度，更加重视分内的临床教学任务，这势必会促使他们在教学内容设计、教学计划制订、教学实施和教学反馈中更加认真地对待，从而对提升医院临床教学的整体质量起到推动作用。

（二）医院教研室档案管理的策略探讨

1. 分工负责，定期汇总

在管理医院教研室档案时，可采取分工负责、定期汇总的管理模式。大家都参加档案的收集整理工作，集中群体的智慧，以使教研室档案的种类更加丰富，质量更高。同时，大家都了解档案的形成、管理过程及内容，也就为在教学科研中更好地利用档案提供了可能。

2. 及时装订，定期交流

档案管理要逐渐形成制度，及时装订档案，定期在业务会上交流各自收集的档案资料。年终或学期末评出档案收集先进个人或小组，给予奖励。这样做一方面确保完整地保存医院教研室的档案资料，另一方面确保各种资源在教研室范围内得到最大限度的共享。

归档材料应手续完备，格式统一，书写工整，声像清晰，装订规范。通常一个研究课题档案一般由1～2卷组成。第一卷为主卷，包括开题报告、研究计划、原始记录、总结论文等；第二卷包括查新报告、鉴定证书、评议意见、使用情况等。

3. 利用计算机，逐步标准化

随着计算机技术的普及，档案的自动化管理势在必行，一方面可简化管理程序，另一方面可使档案材料更好地服务于教学科研工作。如将考试试题录入计算机，试卷全部由计算机排版打印，既防止了手抄存在的易出错且修改困难的问题，又使试卷卷面整洁美观，易于标准化。由于各期试题全部存于计算机，经过多年的积累，将逐步形成小题库。并且，可在每年出题时，通过计算机编排功能实现互相填补和完善。同时，也可将各种教学总结材料录入计算机，逐步实现计算机对教学档案的全面管理，方便资料的提取、检索和使用。今后，可将所有教学科研资料录入计算机，如教师授课情况、考试试题分析、科研项目及成果等，以充分发挥计算机在档案管理中的作用，更好地发挥档案在医院教学科研中的指导作用，使档案管理提高到一个新的水平。

二、医院临床实验室档案管理

（一）医院临床实验室的产生和发展

为了了解人体结构和疾病产生的原因，古代的埃及人、罗马人和希腊人建立了解剖实验室，并在尸体解剖的基础上逐渐形成了病理学。病理学的英文为“Pathology”，在拉丁文中“Patho”代表痛苦的意思，“Logos”代表研究，“Pathology”也就是痛苦的研究。尸体解剖的目的在于了解患者的死因，但除此之外，人类还需要了解疾病的起因和发展，需要了解组织细胞变化与疾病发展之间的关系，以便采取相应的预防和治疗措施，这些未知数是形成现代检验医学的基础。检验医学是在基础科学的理论上发展形成的，早期的检验医学是由医师或医师指导下的技术人员利用手工方法开展一些简单的实验，这种方式耗时、变异大、易受技术和人为因素的影响。

随着科学的进步，当实验过程变得越来越复杂，一些熟知检验技术的医师开始培训一些专门的人员帮助他们执行复杂而众多的实验。这些不同学科的医师对检验医学这门新兴学科的建立起到了至关重要的作用，检验医学逐步形成了自己的实验标准和规范。

1928 年，美国临床病理学会（ASCP）成立了国家注册委员会，专门教育培训非医师的实验室工作人员。

20 世纪 40 年代以前，临床实验室（以下简称实验室）规模很小，只有显微镜、目测比色计、温箱等简单的仪器。到了 20 世纪 50 年代末期，生化分析仪、血液分析仪等自动化设备进入了实验室，大大增加了实验室可检测的项目，同时大大缩短了检测所需要的时间。21 世纪初，一个现代化的实验室可以拥有近百台不同类型和型号的仪器，每年可以完成数百万甚至上千万个检测，为临床医师和患者提供了大量的信息。自 20 世纪 80 年代以来，特别是近十年，我国许多医疗卫生机构的实验室改善了工作环境，更新了仪器设备，增加了检验项目，检验医学在疾病的预防、诊断、治疗等方面发挥着越来越重要的作用。仪器设备的引进和更新大大促进了我国检验医学的发展，但是我们也必须清醒地认识到，仅仅拥有先进的自动化仪器并不是解决检验质量问题的根本所在。

（二）医院临床实验室档案管理建设

医院临床实验室档案管理建设的策略有以下几点：一是制定档案管理的相关规章制度，明确档案的归档、借阅、销毁等流程和规定，保证档案管理的规范性和一致性；二是利用信息技术手段，建立电子档案管理系统，实现档案的数字化存储、检索和传输，提高档案管理的效率和精确性；三是建立档案的质量管理体系，确保档案的准确性、完整性和可靠性，加强对档案的监督和审核，定期进行档案检查；四是向医务人员和患者宣传档案管理的重要性，加强对他们的档案管理知识的培训，提高他们对档案管理的重视和参与度；五是培养管理人员所需的领导和管理才能。领导才能要求管理人员准确地定位实验室，并明确实验室的发展方向。他们应具备良好的洞察力，能够评估实验室用户的期望和需求，并确保实验室的工作目标能够最大限度地满足患者、医生、实验室工作人员和医院管理层的需求。管理人员还应密切关注环境变化和检验医学的技术进步，了解临床实验室管理理论的最新发展，以便为实验室的发展制订正确的计划。管理才能要求管理人员制定具体的工作目标，并采取措施来实现这些目标。他们应具备良好的管理技巧，能够有效地组织和协调实验室的各项工作。管理人员应具有丰富的理论知识和实践经验，了解临床实验室的硬件和软件方面的要求，并加强这两个方面的建设，以应对挑战。他们应具有良好的人员管理能力，激励和培养实验室工作人员，营造积极向上的工作氛围。

第二节　医院科研信息档案管理

一、医院科研信息档案管理的重要性

（一）有利于节约医院科研成本

在科技强国战略的背景下，科技创新被视为推动经济社会发展的重要引擎。医院科研工作涉及医疗领域的科研事业，加快科技创新对于提升医疗水平、改善人民健康具有重要意义。医疗需求的不断增长和挑战的出现，要求科研工作者不断向科学技术的广度和深度进军，为不断满足医疗需求提供解决方案和创新技术。科研信息档案是对科研活动的重要总结，是科研活动经验的重要体现。重视科研信息档案管理，可以提高档案信息资源的利用率，为科研人员展开工作提供有价值的文献资源和档案信息资源支撑。科研信息档案中包含着丰富的科研成果、经验教训和研究方法，对于新的研究项目和学术交流都具有重要的参考价值。对科研信息档案进行集中管理，可以更好地挖掘其中有价值的科研资料，减少不必要的研究流程，提高研究效率。通过建立科研信息档案编研工作体系，可以规范科研信息档案的收集、整理和存储，确保科研信息的完整性和可追溯性。同时，优化科研信息档案管理还有助于数据共享，促进不同研究团队之间的合作和资源共享，充分发挥集体智慧，推动科研水平的提升。

（二）有利于进一步增强管理工作规范性

通过信息共享和监督机制，医院各部门可以相互监督，实现自身管理的规范

和约束。各部门可以共同制定科研信息档案管理的标准，确保科研活动的合规性和高质量。监督机制的建立可以让各部门相互检查和交流经验，不断改进和完善科研档案管理的方式，推动整体科研水平的提高。科研信息档案管理可以将各部门的科研成果和经验进行全面、准确的共享。信息共享的好处在于各部门之间可以相互借鉴和学习，避免重复研究，提高研究效率。同时，科研信息的公开化和透明化可以促进跨部门的合作和交流，加强研究团队之间的合作，形成集体智慧。通过科研信息档案管理的规范化，患者能够客观地对医院和医务人员进行监督和评价，及时反馈医疗信息。公开、透明化的管理可以提高医务人员的技术能力。医务人员接受监督和评价的同时，也能够从患者的反馈中不断优化自己的工作，并及时跟进科研成果。

总之，信息共享和科研信息档案管理对于医院部门的自我管理、合作交流和医务人员能力的提升起着重要作用。通过相互监督，各部门能够共同进步，实现高效办事和科研管理的规范化。同时，信息的公开和透明化能够加强患者对医院和医务人员的监督，促进医务人员提高技术能力。

（三）有利于推动医院科研信息档案管理工作发展

过去一段时间内，部分医院对科研信息档案的重视程度不高，科研信息档案管理工作中存在资料不齐全、资料丢失等问题，影响了后期的档案利用工作[①]。作为科技创新、科技研究活动过程的真实记录，科研信息档案是国家宝贵的科研信息资源和知识资产。只有充分重视科研信息档案管理，解决科研信息档案管理工作中常见的问题，才能更好地减轻档案工作者的工作强度，提高工作质量。除此之外，医院科研信息管理档案管理工作模式也需要进一步革新，如此才能帮助医院转型发展。

二、医院科研信息档案管理存在的问题

（一）管理滞后

对于科研信息档案的信息化发展，医院要依托先进技术，确保资源实现良好的共享。但当前一些医院在档案管理的过程中难以实现资源共享，对于先进信息

① 马春荣．关于加强医院档案管理工作的思考[J]．办公室业务，2016（21）：119．

技术应用得较少，导致档案管理难以与实际工作接轨，无法发挥其价值。此外，部分医院在归档、存储及管理方面也有不足，如信息收集不到位，“互联网 +”、大数据等信息技术应用效果差，无法满足当前开展科研工作的需求。

（二）知识结构欠缺

虽然医院的档案管理人员具备一定的专业理论知识和业务实操技能，然而，随着档案业务的深化和载体形式的多样，原有的知识结构已无法使日常管理需要得到满足。尤其是医院科研信息档案具有独特性和专业性，档案信息化建设的技术性和实践性也较强，这都对档案管理人员提出了更高的要求，不仅要具备扎实的档案专业知识，还要不断扩充自身的医疗业务知识和信息技术知识，丰富各类知识储备和结构，从而能够更好地胜任岗位工作。

（三）归档形式单一

如今，医院科研信息档案的归档形式依赖科研部门在科研项目完成后整合上交，且大多以纸质形式作为最终归档载体。这样的归档形式，一方面，在完成科研项目的过程中，可能会流失一些其他有归档价值的文件，如行政部门的管理性文件，项目运行过程中各部门、单位之间的重要往来文件等；另一方面，由于纸质文件是主要载体，所以容易造成档案载体利用不便和科研信息档案匮乏。

（四）档案借阅不当

当前，医院科研信息档案的共享一般都是通过档案借阅以及信息传输实现的，但是从实践的角度分析，部分医院在科研信息档案借阅以及信息传输方面并没有制订出有效的管理方案，也没有重视知识产权保护工作，使得档案在传递和借阅的过程中，无法对知识产权人的合法权益进行维护。

（五）开发利用水平不高

科研信息档案的管理需要严格的标准和流程，以确保档案的完整性和准确性。如果管理不规范，档案可能会出现遗漏、错误等问题，影响科研成果的查找和使用。科研信息档案的数字化可以提高档案的存储、检索和共享效率。科研信息档案的共享对于促进科研合作和交流至关重要。然而，由于一些医院存在信息壁垒，导致科研信息档案的共享和利用受到限制。科研信息档案管理需要医院从人力、财力和物力等方面进行投入。然而，由于种种原因，一些医院对科研信息档案管理的投入不够，导致档案管理的质量和效率无法得到有效提高。

（六）责任落实不到位

在医院科研信息档案共享过程中，科研信息档案管理需要明确相关人员的责任和职责，以确保管理工作顺利开展。然而，一些医院在制定与科研信息档案管理相关的岗位责任制度时存在不完善的情况。缺乏完善的岗位责任制度会导致科研信息档案管理工作的开展受到阻碍。如果没有清晰的职责分工和责任落实，相关人员可能无法有效地开展管理工作，从而影响档案管理的质量和效果。

（七）管理制度体系欠缺

科研信息档案收集归档工作涉及的事务多、部门多，流程烦琐。过去一段时间内，大多数医院已建成相应的科研档案管理制度。但是，还有一些医院存在科研信息档案管理制度未实时跟进的问题。一是文件材料归档范围和保管期限未根据实际业务范围及时扩充和确定，导致归档文件材料不齐全、不完整，出现应归未归、漏归少归现象。二是个别管理机制过于宽泛、笼统，存在主观猜测、理解偏差和推脱责任的风险，不能应用到具体管理环节，无法满足精细化、精准化的客观要求，实际操作性较差。三是收集整理缺乏系统性和规范性，导致归档格式不规范、项目缺失、内容混乱等问题发生。四是档案移交机制未建立，导致文件去处成谜，不仅对科研信息档案的完整性造成了严重影响，也在一定程度上阻碍了后续的科研工作。五是科研信息档案格式不规范，不同档案工作者立卷归档的格式不统一。六是尚未结合档案数字化建设的基本要求出台相关的规章制度，难以为科研信息档案数字化建设助力。

三、医院科研信息档案管理的策略

（一）充分应用现代信息技术

为了进一步促进科研信息档案的共享，必须建立相应的平台作为支撑，而当前迅猛发展的大数据、云计算等信息技术则可以保障医院科研信息档案的共享。对于医院来讲，在进行科研信息档案管理时，要结合云储存技术对数据库建设进行完善，从而更好地促进档案的开发及合理利用。通过构建科学的管理体系，可以提高医院对科研信息档案管理的重视程度。并且，投入更多资金、加大力度建立档案数据库，能够有序推进档案共享工作，从而形成良好的医院内部氛围。在增强安全性、规范性、共享性并促进各项管理机制完善的基础上，使档案管理各项工作变得更加规范，实现资源共享的目标，以真正发挥档案价值。医院不仅要对科研信息档案系统进行优化，还要注重促进信息的顺利传递和档案的科学管理，运用合理的手段建立完善的风险防范机制，从而稳定地运行档案数据库，切实提高医院科研信息档案管理的水平。此外，还应积极开发利用信息化平台，在医疗领域管理工作中重视科研信息档案管理，让管理达到较高标准，提高科研信息档案管理的效率。

（二）优化科研信息档案借阅

医院应该完善科研信息档案借阅制度，加强对知识产权的保护工作。对照医院科研信息档案管理的实际情况，在推动医院科研信息档案共享的基础上，如何做好档案管理和知识产权保护，是工作人员需要关注的核心内容。基于此，应该在积极引入先进技术，完善科研信息档案管理的同时，做好档案管理工作经验的总结，加强对科研知识和科研成果的规范化管理，确保知识产权保护工作能够得到有效的贯彻落实。科研信息档案借阅制度同样需要强调对医院学术研究成果以及知识产权的保护，也应该维护科研人员的合法利益。

例如，对于科研信息档案中的学术信息，可以在相关法律允许的范围内进行权属划分，以维护知识产权人的合法权益。这样可以在推动信息共享的同时，避免产生产权纠纷或侵权行为。在建设医院科研信息档案借阅制度时，需要综合考虑学术信息的应用，解决科研知识应用、科研成果借阅和产权纠纷等问题。这包括制定明确的借阅规则，确保科研信息档案的合法使用。同时，推动制度体系的优化和完善也是非常重要的。医院可以建立科研信息档案管理委员会或类似机构，由相关部门和专家组成，负责制定科研信息档案借阅制度，并监督实施。这样可以保证制度的科学性和有效性。在加速科研成果共享的基础上，避免产权纠纷或侵权行为，增强科研信息档案共享的有效性。科研信息档案的共享可以促进学术交流和合作，推进科研成果转化。

（三）加强档案软硬件建设

对于档案信息化建设来讲，软硬件建设是一项基础工作，应当予以重视，给予投入。在软件建设上，可参考《电子档案管理系统通用功能要求》《企业数字档案馆（室）建设指南》等标准规范，充分调研档案管理人员及档案利用人员的需求，结合医院各项职能活动的实际情况，选取简单实用、功能明确的软件系统，并选择社会上较为成熟的档案产品服务商，从而降低自研成本，确保系统稳定可靠及维护升级服务的可持续。在硬件建设上，医院档案部门应和信息化部门通力合作，重点关注系统服务器配置、网络系统可靠稳定及信息系统安全防护备份机制等问题，合理规划资源，确保档案上传下载等关键环节不宕机、不崩溃，档案不泄密、不丢失。

（四）提高档案的利用率

通过建立门户网站，利用者不再需要亲自前往医院档案室，而是可以在任何时间、任何地点进行档案查询和利用，可以更好地满足紧急、特殊情况下的档案需求。门户网站不仅支持电话咨询和手工翻阅，还支持利用个人办公计算机、移动终端等设备进行查询和浏览。这为利用者提供了更多选择，可以根据自己的需求和习惯选择适合的方式。通过个人办公计算机、移动终端等设备，利用者可以快速准确地查询和浏览科研信息档案。这在一定程度上减少了由于手动查询或翻阅引起的错误，节省了大量的时间和精力。通过应用射频识别（RFID）等技术，可以实现档案出入库的快速登记，以及库藏变化的动态管理。这不仅提高了登记和库存管理的效率和准确性，还减少了库房管理人员的工作量。通过优化登记和库存管理，减少了库房管理人员和利用者双方的时间浪费。利用者可以更快地找到所需档案，库房管理人员也可以有更多的时间用于其他重要工作。医院档案工作人员应积极发布新归档资源目录、专题档案编研成果等信息，帮助利用者更好地了解和利用医院档案。这些措施可以有效地提高档案的利用率，并节省利用者的时间和精力。

（五）打造科研信息档案编研成果体系

科研信息档案编研工作在医院档案管理体系中起到基础性、全局性、系统性的作用，事关后期科研信息档案的开发利用。为此，必须重视科研信息档案编研工作，深挖科研信息档案的价值。

①要围绕当前或者未来某一阶段科研项目的重心开展档案编研。档案研编工作人员要有针对性地收集相关的科研信息档案，真正做到以档案编研为抓手、以档案开发利用为目标。

②要聚焦单位重大科研活动，提前谋划好编研工作。例如，档案编研工作人员可以围绕重要的科研活动，提前制订档案编研工作计划，收集单位开展的相关科研活动资料，为学术研究提供强有力的信息支持。

③要注重信息资源共享，推动档案编研工作“走出去”。医院可以深化与其他医院、高校、卫生行政主管部门以及其他医疗领域企事业单位的合作，在征得同意的基础上，查阅并复制其他单位的科研信息档案，选取其中与本医院科研项目相关的资料进行编研，形成系统化的编研成果，真正丰富编研内容。

（六）加强科研信息档案管理责任落实

在医院档案信息共享背景下，为了真正实现医院科研信息档案的高效利用，充分发挥档案的作用和价值，推动资源的共享是一个十分重要的措施。而在新的发展环境下，为了确保医院科研信息档案共享的顺利实施，增强科研信息档案共享的有效性和规范性，医院需要建设和完善相应的责任制度，配合相应的奖惩机制，提升档案管理人员的责任意识，推动其责任的贯彻落实，避免因为信息共享不到位或协调不足引发各种问题。

在实际工作中，应该关注纸质产权保护以及操作机制建设等工作，做好科研信息档案的采集、归类、存储以及调取等相关制度的优化和完善，明确各部门工作人员的责任意识，确保在出现问题时可以及时采取相应的惩处措施，对于一些表现优秀的人员则应该做好激励，为科研信息档案共享的实施提供良好保障。应该从长期参与科研信息档案管理的经验出发，在推动科研信息档案共享的过程中，需要细化各种管理制度，落实各方面的工作责任。

第三节　医院病历档案管理

一、医院病历档案管理的重要性

（一）增强医院病历档案管理工作的实效性

医院传统的纸质病历档案需要手工撰写，耗费大量的人力和物力，并且容易出现意外情况导致后续归集整理出错和工作效率低的情况。同时，纸质病历档案的存储和更新也存在一定的困难。为了解决这些问题，医院可以采用电子病历档案管理系统。通过诊疗卡等方式，医院工作人员可以有效采集医院检查和就诊的标准化信息，并将这些信息进行电子智能化归档。这样可以实现对处方单和复诊信息的同步储存和有效更新，提高工作效率和减少错误发生的可能性。对于已经存在的纸质病历档案，可以通过扫描和复制等方法进行病历档案的留存和更新，确保纸质病历档案和电子病历档案的连续性和一致性。这样既能充分利用已有的纸质病历档案，又能够享受到电子病历档案管理的便利。

（二）提高医院病历档案管理工作的质量

医院纸质病历档案大多是手工书写的，不同病历档案工作人员的书写习惯、书写方式以及写字速度存在比较大的差异，在交接和录入病历档案的过程中，可能会因为字迹问题造成病历档案的记录和归集结果不同，导致病历档案查阅人员无法对档案内容进行有效辨识。同时，医院需要归集和保管数量庞大、种类众多的病历档案，这是一项十分困难的工作。

所以，医院病历档案管理工作的开展应该按照实际情况构建科学规范的电子化档案模板，明晰医院病历档案的查阅工作和信息共享工作，不仅使医院病历档案管理工作更加规范化、标准化，而且提高了医院医疗工作的质量和效率。

（三）提高医院病历档案的服务水平

医院各类医疗信息病历档案应该形成实时数据，对于比较复杂的数据，如需要异地检测的数据，也不要晚于一周的时间。这就极大地省去了人工整理病历档案的过程，使医院患者就诊的病历档案归集更加智能化。与此同时，还能够有效避免因人为因素造成的病历档案损坏，使医院医疗工作的开展更加有效、准确。如果医院面对医疗纠纷，就可以随时调取病历档案，为医疗纠纷的顺利解决提供原始数据，全面反馈医院患者的诊疗和用药全过程，有效提高医院的服务水平和病历档案管理能力。

二、医院病历档案管理存在的问题

（一）电子病历档案安全性遭受威胁

病历档案不仅反映了患者的就诊情况和病情，而且记录了医生的诊治过程。可以说，病历档案全面记录了患者住院期间的所有诊疗信息和用药情况，这些都属于患者的个人隐私。虽然现代科技迅猛发展，但部分医院内部档案管理者没能熟练使用这些技术，这将会威胁患者电子病历档案的安全性，可能会泄露患者隐私，从而危害患者的利益。

（二）信息化管理基础有待优化

信息化管理基础差主要体现在电子病历档案管理软硬件不健全层面，包括电子病历档案存储系统软件和硬件的问题。对于电子病历档案存储系统软件，确实存在一些隐性漏洞和不足。一些医院的电子病历存储管理系统主要以数据库的形式存储，对数据库的效率和容量有严苛要求。然而，一些医院的计算机软硬件设备存在空间不足、安全性低等问题，无法满足电子病历存储管理的需求。这会影响患者电子病历档案的管理效率和安全性。此外，基础设施建设力度不足也是导致信息化管理基础差的原因之一。医院在进行电子病历档案管理时，需要投入大量的资金和资源来完善软硬件设备、改善网络环境等。如果基础设施建设力度不足，将严重限制电子病历档案管理的效率和质量。为了解决这些问题，医院需要加大对电子病历档案管理软硬件的投入，确保系统的健全性和安全性。同时，医院还应加强基础设施建设，完善计算机软硬件设备和改善网络环境，以提高电子病历档案管理的效率和质量。

（三）病历档案管理体制不健全

病历档案作为医院档案的重要部分，在管理中有集中式和分散式两种模式。集中式是指将病历档案纳入医院档案综合管理体系，成立专门的综合档案室或档案机构，集中管理医院产生的全部档案。在这种模式下，病历档案的管理和保管由专门的档案人员负责，确保病历档案的完整性、准确性和安全性。集中式管理模式可以实现档案的统一管理和查询，提高档案管理的效率。分散式是指病历档案由病案室管理，隶属于医务科，没有纳入医院档案综合管理体系。在这种模式下，不同科室负责管理和保管各自产生的档案，包括医院文书档案、财务档案、基建档案、科研档案和病历档案等。分散式管理模式可以根据各科室的需求和特点进行档案管理，更加灵活和方便。但需要注意的是，分散式管理模式可能存在档案的重复和冗余，以及档案管理的一致性和协调性问题。

如今，一些医院并不具备完善的病历档案管理机制，部门之间缺乏协调机制，导致出现了病历收集难、整理难、移交难、归档难、利用难等诸多问题。部分医院考核机制不健全，更重视考核经济效益，而忽视了对病历档案的形成、积累、整理、归档、利用等工作的部署。部分病历档案工作者存在消极情绪、缺少责任意识，对病历档案的价值有所忽视，导致病历档案在医疗借鉴、教学科研、公安司法与医疗事故等方面所起到的作用不大。

（四）电子病历档案管理标准差异化

在信息化管理模式下，患者电子病历档案的管理涉及医院内部多个部门，而这些部门的职责分工和管理要求各不相同，导致病历档案管理标准有差异。为了解决这个问题，医院管理部门应该积极建立一套统一且正规的电子病历档案管理体系。这需要在医院内部制定统一电子的病历档案管理标准和规范，明确各个部门在电子病历档案管理中的职责和要求。同时，管理部门应加强对各部门的培训和指导，确保各部门了解和遵守电子病历档案管理的标准和规范。此外，医院管理部门还可以通过建立电子病历档案管理委员会或类似的机构，将各个部门和相关人员纳入其中，共同参与电子病历档案管理的决策和实施。这样可以促进各部门之间的沟通和协作，提高电子病历档案管理的效率。

三、医院病历档案管理的策略

（一）建立优质的管理系统

医院应采用目前流行的浏览器和服务器结构（B/S 结构）去设计一套档案管理系统。该结构可以突破时间限制和地域客观条件限制，为广大用户提供查询和打印等服务，易于非计算机专业人士使用。由于服务器端口由医院内部管理人员进行统一化管理，可保证系统的安全。系统整体结构共分门户层、应用层及数据层三部分。关于系统模块设计和功能实现，需做到以下几点。

第一，界面。在系统中，要设计用户和管理员两个界面，并将用户和数据库管理分隔开，这主要是为了保证患者病历档案的安全性。此系统虽然可以为用户和管理员提供一系列查询、打印及录入等服务，但只有管理员具备修改权限。

第二，管理模块和管理功能。无论是用户界面或是管理员界面，均由数个管理模块共同构成。在用户界面中，患者病历档案管理模块由数据查询、数据录入及数据管理三个菜单构成；管理员界面中的管理模块则要添加数据批量录入管理这一功能，使用此菜单可删除临时数据表内的一系列垃圾信息，还可以批量化删除用户在限定时间内未存档的档案，从而保证整个系统有条不紊地运行。

（二）优化病历档案归档流程

1. 病历档案的形成与收集

医院病案室或档案管理部门应确定门诊（急诊）、住院纸质病历和电子病历归档材料的收集范围、移交时限；相关科室应确定本科室纸质病历和电子病历材料的收集范围及电子归档时限。本着应收尽收的原则，做到所形成的病历材料零遗漏、零散失，确保纸质病历和电子病历齐全完整、安全保管和有效利用[①]。

（1）病历的形成

为了确保电子病历的唯一性和准确性，医院在建立病历时应该为符合条件的门诊患者或住院患者分配一个唯一的标识号码。这个标识号码可以是医院内部自主设计的，也可以使用身份证号码等患者身份标识信息。在建立电子病历时，需要将这个唯一的标识号码与患者的身份证信息进行关联。这样，在电子病历管理

① 赵一云，刘坤．对加强医院病历档案管理工作的思考[J]．求医问药（下半月），2012，10(01)：515—516．

系统中，可以使用标识号码和身份证号进行检索和查询，确保查找和管理病历信息的准确性和方便性。同时，医院在建立电子病历时，需要保护患者的个人隐私。这就要求医院在电子病历管理中加强信息安全保护，确保患者个人隐私信息不被非授权人员获取和使用。可以采用加密技术、权限管理、日志记录等手段，保证电子病历的安全。

（2）规范门诊病历的保管和归档

门诊病历的保管和归档有以下几个方面的规定。

门诊病历的保管方式：门诊病历形成后，可以由患者自行保管或由门诊部门临时保管。这意味着患者可以选择将自己的门诊病历保存在个人档案中，或者将其交给门诊部门进行临时保管。

医疗事故和死亡病历的处理：对于涉及轻伤害、交通、安全事故以及误诊、错诊构成医疗事故的病历，门诊部门有责任收集、整理、归档并移交给相关部门。这是为了确保对医疗事故进行调查和处理，并保护患者的权益。同样，涉及死亡的病历也需要进行类似的处理。

门诊转住院患者病历的合并保管：对于门诊转住院的患者，门诊病历和住院病历会合并进行保管。这是为了确保患者的病历信息完整和连续，方便医生对患者的病情进行全面了解。

（3）病历的书写

病历书写和整理应遵循以下规范和原则。

病历书写规范：医务人员在书写病历时应按照病历及电子病历书写规范进行，确保字迹清晰、医疗术语准确。这样可以避免因字迹不清晰或医疗术语错误导致的信息误读或误解。

病历的整理和排序：门诊和住院病历必须按照医疗诊治过程进行排序，并在每一页上标注页码。这样可以方便医务人员和管理人员查阅病历信息，了解患者的就诊历史和治疗过程。

病历材料完整：病历材料应保证齐全完整，不缺不损，并且不擅自修改。这是为了确保病历信息的真实性和准确性，防止病历被篡改或丢失。

病历材料的组卷和保管：病历材料应按照患者的一次就诊和一次住院作为保管单位进行组卷。这样可以方便医务人员和管理人员根据患者的就诊情况进行查阅和分析，提供更好的医疗服务和管理。

2. 病历档案的整理与鉴定

病案室或病历档案管理机构在接收患者病历后，需要进行整理与鉴定。这包括对已出院或死亡的病历材料进行整理。在整理的过程中，病历档案管理机构需要确保病历档案的完整性和真实性。这意味着不得随意删除或篡改病历中的内容，以保证病历的准确性和可靠性。此外，病历档案管理机构还需要对病历进行期限鉴定，即确定病历的保存期限。根据法律法规的规定，不同类型的病历有不同的保存期限。同时，病历档案管理机构还需要进行规范装订、编号和编目工作。这样可以确保病历档案的有序管理和方便检索利用。规范的装订、编号和编目可以使病历档案更易于存储、检索和使用，提高工作效率。

病历档案按以下顺序组卷：参照《医疗机构病历管理规定（2013 年版）》有关规定执行，依据文件材料形成规律，保持文件之间内在的有机联系。

病历档案的保管期限确定。病历档案的保管期限范围应该确定为 3 年或 5 年、15 年或 30 年、永久。3 年或 5 年适用于门诊病情轻微患者病历，15 年或 30 年适用于一般性普通型住院病历，永久适用于重大疾病、传染性疾病、遗传性疾病、慢性病以及婴幼儿、青少年患者病历。涉及医疗事故、商业保险、公安司法鉴定的病历档案应本着保管期限从长原则，列为永久保管。

病历档案的装订需要基于安全保管和方便利用的原则，并符合相关规范。在装订过程中，病历档案应按照病历档案的形成规律和顺序进行装订和装袋。这意味着按照病历的时间顺序或其他规定的顺序将病历材料进行有序的装订和装袋。装订的要求包括规范、整齐、不散。装订应当整齐、规范，确保病历档案不散落或松动。如果病历档案有破损，应进行修复，以保证档案的完整性和可读性。此外，病历档案的封面项目也需要填写齐全和完整。封面上应包括患者的姓名、身份证号、病历标识号码、主治科室、主治医生、档案号、电子病历档案号以及存放库号、柜号、架号、格号等信息。这些信息的填写能够方便对病历档案进行管理和检索。

3. 病历档案的归档

医疗机构在病历档案的管理上实行了“双轨制”管理模式，即以纸质档案归档为主，以电子病历档案归档为辅的归档模式。随着病历档案的增加，医疗机构面临着庞大的保管压力，为了减轻这一压力，需要优化病历档案归档和保管工作。

医院应重视电子病历档案的归档和储存，并确定相应的纸质病历和电子病历的归档范围。具体包括纸质病历档案和电子病历档案、门诊（急诊）病历档案和住院病历档案，以及医疗事故和死亡病历档案。

为了实现优化管理，医院应严格执行以下原则。

门诊纸质病历档案由患者保管，电子病历由医疗机构归档。这样可以减轻医院的保管压力，同时也方便患者自行管理和查阅自己的门诊病历。

住院纸质病历档案和电子病历档案归医疗机构归档和保管。医院应建立完善的档案管理制度，确保住院病历档案的安全和准确性，方便医务人员查阅和使用。

（三）加强电子病历管理

电子病历档案是通过数字化技术将传统的纸质病历转化为数字档案的形式，利用现代化的电子信息技术进行管理和利用。这种管理方式可以增强病历档案的可访问性、共享性和安全性，避免传统纸质档案管理的烦琐和空间占用问题。电子病历档案的实施可以提高病历信息的整理、归档和利用效率，方便医务人员查阅和分析患者的病情记录。同时，电子病历档案也可以实现信息共享，不同科室之间和医院之间可以更加便捷地获取和传递病历档案。此外，电子病历档案的建立和管理也需要加强信息安全保护，确保病历档案的私密性和完整性。医院可以采取密码保护、权限管理、备份等措施，保护病历档案不被非授权人员访问或篡改。

1. 构建线上线下管理体系

医院应完善电子病历管理系统，根据病历档案存量数字化和增量电子化的基本思路、原则，实现线上线下电子病历双重运用。

第一，进行传统纸质病历的微缩图像处理，尽量获取全面的信息，不要有错误和遗漏。在构建电子病历管理系统时，利用参数控制法优化整个系统的容错机制，利用数据挖掘、数据清洗等技术手段去除电子病历系统的重复数据、冗余数据，不断优化电子病历信息管理。

第二，构建线上补充系统对于填补历史病历档案数字化管理中的漏洞是非常必要的。通过采用在线归档形式，可以全面抓取病历档案数字化管理与应用的数据，确保病历体系的完整性和准确性。以下是构建线上补充系统的几个关键步骤：

分析现有系统：了解当前电子病历管理系统的漏洞，分析现有系统在数据抓取和应用方面存在的问题，为构建线上补充系统提供依据。

设计在线归档系统：根据分析结果，设计一个在线归档系统。该系统可以全面抓取病历档案数字化管理与应用的数据，并对数据进行校验和审核，确保数据的准确性和完整性。

整合数据：将在线归档系统与现有的电子病历管理系统进行整合，实现数据互通和共享，确保数据的完整性和一致性。

采取安全措施：采取必要的安全措施，确保在线归档系统的稳定性和安全性，保障病历档案的安全。

定期维护和更新：定期对在线归档系统进行维护和更新，确保系统的正常运行和数据的准确性。

第三，医院开放电子病历管理系统的源代码可以帮助医院实现电子化借阅管理，拓宽病历档案的使用范围，提高数字化系统的应用价值。以下是实现这一目标所需的几个关键步骤。

开发管理程序：医院需要开发一套电子病历管理系统，该系统可以实现对电子病历档案的录入、存储、检索、共享等功能。同时，该系统应该具备数据抓取能力，能够从医院内部各个系统中获取相关数据，实现数据的整合和共享。

开放源代码：通过开放系统的源代码，供医院内部员工和外部开发者使用。通过开放源代码，可以促进系统的改进和完善，增强系统的灵活性和可维护性。

共享数据资源：通过开放系统的源代码，可以将医院内部的数据资源共享给网络访问者。这样，患者、医生、研究人员等都可以通过网络访问电子病历档案，实现电子化借阅管理。

优化系统性能：为了增强系统的性能和可靠性，医院需要不断优化系统，包括优化数据存储、检索、共享等流程，提高系统的响应速度和稳定性。

加强安全管理：在开放系统的源代码的过程中，医院需要加强安全管理，确保电子病历档案的安全和保密性。采取必要的安全措施，如身份认证、数据加密、访问控制等，防止未经授权的访问和数据泄露。

2. 构建线上线下信息联动体系

医院的病历档案管理是非常复杂的，要从验收、整理、编目、归档、利用等着手，综合管理病历档案。验收是指在病历档案移交给档案部门前，需要对病历资料进行验收，确保所有必备的信息完备，并及时反馈给科室进行补充。整理是指在验收后，对病历资料按照一定的顺序和分类规则进行整理，确保病历的完整性、准确性和易查性。编目是指对整理好的病历资料进行编目，为每个病历档案分配一个唯一的标识号码，并建立索引，方便后续的检索和利用。归档是指将编目完成的病历资料按照一定的存放规则进行归档，如按照时间、科室或疾病分类等方式进行分类存放，确保病历档案的安全性和长期保存性。利用是指电子病历的使用包括病历的查阅、修改、复制、打印等操作，科室、医务工作者可以根据需要查询和使用病历档案。为了有效整合相关科室资源，可以培训医务工作者熟悉电子病历的使用规范，加强与档案部门的沟通和合作。同时，可以派出科室负责人协助档案人员进行病历收档工作，确保病历资料的准确性和完整性。

为了提高病历档案的标准化管理程度，可以制定相关的管理规范，并加强对病历质量的监督和评估，及时纠正和改进档案错误。同时，定期进行病历档案收档质量抽查，发现问题及时指正，并针对困难部分提供必要的辅导和培训，促进标准化建设的进程。

（四）强化病历档案治理体系建设

1. 完善病历档案制度体系，提升约束力

完善的制度体系能够保障病历档案工作顺利开展。医疗机构必须全力改变病历档案制度不健全、不完善、不规范的现状，增强制度的执行力、约束力。完善病历档案制度体系应包括：建立明确的病历资料形成和积累的制度，规定每个环节的责任人和操作规范，确保病历资料的完整、准确和及时性；建立病历保密和个人隐私保护的制度，规定病历档案访问权限，加强对电子病历的密码和访问控制，严格保护患者的个人隐私；建立病历借阅和复制的管理制度，规定借阅和复制程序，明确借阅和复制的目的和权限，确保借阅和复制的合法性和安全性；建立标准化的电子病历形成和移交的制度，确保电子病历的完整性和安全性，加强电子病历的防护和备份措施，防止数据丢失和非法篡改；建立规范的病历档案整理和归档制度，包括分类、目录、索引等，确保病历档案的有序管理和快速检索；建立病历档案销毁的制度，确保按照法律法规对病历档案进行安全销毁，防止被不当利用。

2. 建立病历档案考核评价机制，提升内动力

通过宣传和培训，增加强医院全员的档案管理意识，使每个人都意识到病历档案管理的重要性，明确自己在工作中的责任和义务。建立明确的目标考核机制，将病历档案管理工作纳入医院、科室的目标考核体系。设置合理的考核指标，衡量医院和科室在病历档案管理方面的表现，激励医务人员积极参与病历档案管理工作。建立奖励和惩罚机制，根据医务人员在病历档案管理工作中的表现给予相应的奖励或惩罚。奖励可以包括表彰、奖金、晋升等方式，激励医务人员积极参与病历档案管理工作。而对于不履行职责或违反规定的行为，可以给予批评、警告、降职等惩罚，以形成压力和约束力。明确医院领导、科室主任及医务人员在病历档案管理中的职责范围，并将其纳入岗位责任制中。通过明确职责，让每个人知道自己在病历档案管理工作中应承担的责任，促使其认真履行职责，提高工作效率和质量。建立明确的病历档案考核和社会评价标准，通过考核结果和社会评价评判病历档案管理人员的工作表现。这可以激发病历档案管理人员的内动力，提高他们的工作积极性。

3. 建立健全病历档案安全机制

制定并严格执行病历档案保密制度、保管制度和保密政策，确保所有涉及病历档案的工作人员都接受相应的培训，了解保密要求和规定；明确病历档案的访问控制流程，并对档案访问进行严格的权限控制。只有经过授权的人员才能查阅、修改或复制病历档案；对电子病历档案采取加密、备份和保护措施，确保数据的完整性和安全性。同时，制订数据恢复和应急响应计划，在突发情况下能够及时恢复数据和服务；采用防火墙、入侵检测系统、密码学和其他安全技术措施，保护病历档案系统免受非法访问、攻击和数据泄露的威胁；确保纸质病历档案的安全存储和保管，包括使用安全的存储设施、制定存储规范和标准，以及限制访问纸质档案的权限。

（五）加强病历档案利用，提高医院的服务水平

目前，医院病历档案的利用程度在不断提高，患者的医疗费用凭证复印报销、保险理赔和法律文书证据等都要使用病历档案，医学类科研与教学等也会用到病历档案。所以，医院在对病历档案进行管理时，要进一步对档案内容进行完善，

拓宽利用病历档案的渠道，从而使病历档案的价值得以体现。

一是对病历档案的数据挖掘应成为医院利用病历档案的主要途径。首先，针对大量的病历档案进行维度建模，通过元数据抽取、转换、加载等进行数据导入处理，从而在病历档案数据库里导入病历档案的具体信息；其次，进行查询和分析，利用数据挖掘技术发掘病历档案数据中隐藏的病历档案，方便医院的决策者利用病历档案掌握医院的运行状态。例如，住院患者的区域分布、各个临床科室以及医务工作者的工作量情况、某个时间段医院的经济效益等，从中挖掘医疗管理规则，提供方便、准确、快速的医院管理决策支持。也可以从病历档案中挖掘疾病事例数据，展开语义推理，按照数据内容选择检索方式，更有效地利用病历档案。如此，为构建疾病的诊断治疗、检查检验、医疗服务等知识元模型提供参考，支持诊断治疗、检查检验、医疗服务知识诊断案例库的构建，依托不断的案例修正提供有针对性的决策支持，提高医院的服务水平。

二是统计病历档案使用者的信息、效果，据此总结病历档案利用的基本规律，根据规律编撰研究成果报告，并对相关信息进行反馈，最大限度地利用病历档案，使病历档案的价值得到真正发挥，让患者享受更好的医疗服务。除此之外，多向病历档案使用者征求他们的反馈意见，查明病历档案利用和实际需求的差距，进行合理的调整、控制，把以往被动的、单一的服务转变为主动、多元化的服务，让病历档案利用服务更加科学、有序、高效，从利用者那里获得更多的信赖与支持，从而使病历档案利用率得到极大的提高。

第四节 医院人事档案管理

一、医院人事档案概述

（一）医院人事档案的概念

医院的人事档案是人力资源管理的重要基础和依据，对于医院的人力资源开发具有重要的影响和作用。有效的人事档案管理可以为医院提供准确、全面的员工信息，有助于人力资源管理工作的开展和决策的制定。

在加强人事档案管理工作的同时，结合新的管理技术、管理理念和管理方式进行改进，可以进一步提升医院的人力资源管理水平。

（二）医院人事档案的内容

医院人事档案与一般的档案内容有所不同，主要体现在以下两个方面：第一，记录员工在医院的工作经历和成长信息，能具体、全面地反映员工在医院工作中的道德品质、个人经历和工作业绩，且以上信息可以在员工职务升迁、岗位调整和工资变动中作为有效的数据支撑，能增强员工岗位、薪酬变动的科学性、合理性；第二，保管记录员工的个人简历、政治材料、学位成绩等个人隐私信息，且以上记录需要在人事部门认证审核后，通过盖章、签字的方式，与员工个人紧密相连，确保员工个人信息等级、保管的价值性。结合人事档案内容的价值，需要医院在管理中落实“以人为本”的理念，在不断应用医院人事档案的前提下，推动医院实现可持续的发展。

二、医院人事档案管理的重要作用

（一）优化人员配备

由于医院人员多，具有不同的身份类型，需要进行更精细化和针对性的管理。医院人事档案的管理应该根据不同人员身份类型的特点，注重以下三个方面。

一是编制人员的管理。医院编制人员包括医、护、药、技等专业技术人员，他们按照单位工作人员的相关规定进行管理。在编制人员的人事档案中，需要关注其专业背景、职称等方面的信息，并根据其个人发展、能力提升等需求，落实相应的培养、晋升机制。

二是合同制人员的管理。医院的合同制人员与编制人员有所不同，他们根据劳动合同进行管理。在管理合同制人员的人事档案时，要关注其合同期限、合同类型、待遇等方面的信息，确保合同执行情况与劳动法规定的要求一致。

三是人才引进与岗位轮岗。医院为了满足发展需要和提高工作效率，需要进行人才引进和部门之间的人员交流轮岗。在这一过程中，人事档案的查阅和分析可以为医院选择合适的人才和实施岗位轮岗提供重要参考。通过对候选人的学历、年龄、专业特长和业务水平等信息的综合评估，能够更好地匹配岗位。

综上，做好医院人事档案管理，有利于优化人力资源配备，实现人岗相适、人岗相宜，激发人才活力，为医院发展提供可靠的人才支持和保障。

（二）公平评聘职称

医院进行医、护、药、技等专业技术人员的职称晋升和岗位竞聘时，会依据其人事档案中的相关资料进行评定。这些资料包括年度考核结果、已有的专业技术职称、奖励表彰情况、任职年限等，为评定职称晋升和岗位竞聘提供依据，也是确保评审过程公平公正的重要依据。这些资料可以客观地反映医务人员在职业生涯中的表现和成就，评审委员会会对这些资料进行全面评估，综合考虑医务人员的专业知识、技术能力、临床表现、学术研究等方面的表现，以确定是否符合晋升职称或岗位的要求。

依据人事档案进行评审，能够确保评定的公平性和客观性，避免主观因素的干扰。同时，医院也应该建立科学合理的评审制度，确保评审过程的透明性和公正性，为医务人员的职称晋升和岗位竞聘提供一个公平的机会，激励医务人员持续提升自己的专业水平和职业素养。

（三）公正选拔任用

干部选拔任用一般会坚持德才兼备、以德为先、注重实绩等原则来进行评估。在评估过程中，会对干部的年龄、工龄、党龄、工作经历、学历、学位、职称等方面进行全面考察。人事档案中的资料是评估干部选拔任用的主要依据。这些资料包括个人的履历、政治表现、业务能力等。评估委员会会综合考察这些资料，对干部的能力、品德、业绩等进行全面分析和评估，以确定是否具备担任相关职务的条件。通过考察人事档案中的资料，可以对干部的工作经历、学习背景、专业技能、政治素养等进行客观评估，避免主观偏见的影响。同时，也需要注意确保考察过程的公平公正，保护干部的合法权益，确保选拔任用的程序合规。

干部选拔任用的决定应该综合考虑多方面因素，既要注重干部的专业能力和业绩，也要关注其道德品质和政治表现。只有在德才兼备的基础上，才能更好地推动干部队伍的健康发展和组织的长期稳定。

（四）调整薪酬待遇

按照薪酬管理制度的相关规定，工作人员根据所聘岗位职务每年晋升薪级工资，对应的是调整相应的工资待遇。工龄、学历和职称都会对医、护、药、技等从业者的薪酬待遇产生一定影响。

除此之外，年度考核结果也是晋升薪级工资的重要依据。通过调阅医院的人事档案，可为工作人员薪级晋升、工资调整等提供可靠的第一手资料。

（五）改革人事制度

人事档案是医院人事等相关管理部门按照国家相关法律、法规、政策等在人事管理活动中形成的档案，具有真实性、实时性、参考性等特征，也包括医院职工的基本信息和相关考核记录。医院人事档案对促进职工个人发展、提高人事部门的管理能力与提升医院的医疗水平等有较大的促进作用。

三、医院人事档案管理存在的问题

受到传统工作方式的影响，部分医院的人事档案管理工作缺乏与时俱进的思想，在制度的制定与应用上，没有与信息化技术相结合。在信息化技术不断发展的背景下，各行各业利用信息技术手段寻找提高效能的途径。通过深入分析传统人事档案管理存在的问题，有助于构建科学的人事档案工作体系，提升人事档案的综合管理效能。

（一）缺乏对人事档案管理工作的重视

目前，在医院管理中，部分领导过于关注医院整体效益的提高，对于人事档案管理工作容易忽视。因此，医院人事档案管理工作的价值并未得到有效发挥，在员工的培养、选拔上，无法体现并发挥人才的价值。同时，受到传统管理理念的影响，部分医院管理者、人事档案管理部门以及其他部门员工对于人事档案管理的认识仍然停留在人员档案的管理上，并未关注档案信息的利用，单纯认为档案管理只是资料的收集、存储，无法更好地发挥档案管理的价值，在一定程度上不利于人事档案管理工作的开展。

（二）医院人事档案内容不够全面

首先，在当前一些医院的人事档案管理中，多保存学历、学习经历、奖励等内容，而对一些过失惩罚措施的内容不记录保存，导致人事档案记录存在漏洞，使其丧失了档案应有的真实性，也降低了医院人事管理工作的价值，无法真实评价医院的人力资源管理情况。

其次，部分管理层不重视档案工作，导致医院人事档案管理部门职责不明确，没有有效的制度规范档案管理工作，容易出现档案丢失。同时，部分医院的人事档案与其他档案混用，使档案管理中容易出现各种问题，档案管理效率不高。

（三）医院人事档案管理制度不够完善

完善的管理制度是人事档案管理工作井然有序、高效开展的基础，如果管理制度不够完善，那么档案管理必然不会取得较好的效果。如今，一些医院进行了人事档案管理，但是由于没有统一的管理标准和详细的管理要求，档案管理工作人员只是根据自己的理解及经验开展档案管理工作，这使得人事档案管理的效果并不好，出现很多问题。

（四）医院人事档案管理设施配置不足

医院档案管理工作对于管理人员、基础设施以及专业技术等方面都有详细的要求，但是当前部分医院还没有认识到人事档案管理的重要性，少数医院不具有完善人事档案管理系统的能力，从而导致医院在人事档案管理方面的各项投入都比较少，影响了医院对人事档案的有效利用。例如，一些医院没有高度重视人事档案的存放环境，导致出现人事档案丢失、损坏等现象；一些档案尽管存在，但是经过长时间的腐蚀已经出现霉变现象，这就导致医护人员将大量的时间花费在查找、翻阅档案上，使得工作效率大为降低。

（五）医院人事档案信息化建设发展缓慢

如今，一些医院在档案管理方面一直沿用多年来的人工管理模式，主要通过管理人员对档案进行收集和整理工作，在保存形式上多以纸质保存。利用纸张保存需要医院具有专门的档案储备室，还要有专门的人员定时整理。随着科学技术和医疗技术的迅猛发展，医院需要保存的档案显著增多，在这种情况下，传统的人工档案管理已经无法使医院快速发展的需求得到满足，从而导致医院档案因为管理不当出现丢失、污损的情况，这就无法有力保障医院的档案安全，对医院的发展产生了严重影响。

（六）医院人事档案管理和利用不完善

现阶段，部分医院管理人事档案的方法、手段比较落后，采用手工管理模式，档案管理效率低，档案利用率不高。虽然一些医院开始引入信息化管理手段，但是受思想认识和技术手段落后的影响，没有真正发挥出技术手段在提升档案管理效率方面的作用，无形中浪费了比较多的人力、物力和财力。部分医院还存在员工对档案的更新不及时、不全面的情况，只能查到员工的基本信息，而没有建立实时资料库，不能为员工的考察、晋升等提供真实可靠的信息，导致档案缺乏应有的利用功能。

（七）医院人事档案管理缺乏长远发展规划

从长远发展角度来看，医院人事档案管理需要树立长远发展目标。医院人事档案管理工作无法在短时间内实现全方位建设，因此需要在初始阶段明确未来发展方向，制定长远目标和阶段性目标，合理分配人力资源，实现经济效益最大化。在没有长远发展目标支持的情况下，医院人事档案信息化建设将难以满足社会需求。根据我国目前的实际情况，部分医院档案信息化建设不理想，表现为信息化水平不高。对于大型医院而言，在发展过程中具有的优势相对明显，人事档案管理信息化建设可以规模性进行。

但是，部分医院没有明确的档案管理信息化建设目标，档案管理仍然处于较低水平，无法满足发展需求。新时代，医院必须通过信息化方式构建全新的人事档案管理模式。

四、医院人事档案管理的策略探讨

（一）提高对人事档案管理工作的重视度

随着医院的不断发展，医院领导应当加强对人事档案工作的重视，设立专门的管理委员会，进行专职专责管理，将人事档案管理工作按要求落实到位，定期检查人事档案管理工作情况，将人事档案工作和医院其他工作联系起来，为人事档案工作的开展提供指导。一是人事档案管理人员必须树立正确的工作态度，使人事档案管理工作从被动存放向主动提供利用服务转变，增强工作使命感与责任感，不断提升人事档案的工作效率。二是医院要在保护隐私的前提下具有开放意识，方便职工随时调档，确保自身的可持续发展。三是医院要对档案进行整合，有效规避档案管理中可能存在的风险，提高人事档案管理水平，从而为患者提供更好的医疗服务。四是医院通过建立安全机制，不断提高对档案管理的认识，提高档案管理工作人员的业务素质。五是医院通过建立一个动态的病毒防御系统，定期检查人事档案，并检测系统内部的各项数据，从而确保医院人事档案系统的安全。

（二）完善医院人事档案管理制度

1. 统一档案收集与归档标准

首先，医院应该落实《干部人事档案材料收集归档规定》的文件精神，根据医院的实际情况制定档案管理制度。按照规定制定明确的档案收集标准，确保档案的全面性和准确性。应明确哪些资料需要收集以及如何收集，包括个人基本信息、职业资格、工作经历、培训记录等。建立健全的电子档案系统，将人事档案进行电子化管理，提高档案的存储和检索效率。利用信息化技术，加强对档案的管理，确保档案的完整性和准确性。及时更新人事档案中的内容，记录人员的近期经历、成绩和荣誉。对于人员的负面信息，如违反职业道德、违反规章制度等，也应当记录在人事档案中。这样不仅可以全面展示人员的综合素质，也有助于进行综合评价和判断。定期评估档案利用的情况，了解档案的使用情况和反馈意见。根据评估结果，优化档案管理制度和流程，提升档案利用效率和价值。

其次，医院要进行人事档案数字化管理。要明确每个部门的档案管理责任和权限，确保每个部门都意识到档案管理的重要性，并负责档案的收集、整理、存储和使用。明确档案的收集标准和流程，包括哪些资料属于必备档案，要求员工如何提交档案，以及收集档案的时间节点和流程。要求每个部门统一使用特定的档案文件和资料格式，确保统一性和一致性。明确档案的存储要求，包括存储位置、环境条件、安全措施等。确保档案的安全性和保密性，防止损坏或泄露档案。规定档案的整理和归档时间表，确保及时整理和归档档案。此外，规定档案的保管期限和处理方式，根据法律法规的要求进行合规处理。明确档案查询、调用的流程，确保档案得到有效利用。规定档案使用的权限和申请流程，以及查阅档案的记录和审批制度。

最后，医院要建立专门的人事档案数据库，对人事档案进行科学的管理，为人力资源开发提供参考。根据医院的实际需求，设计符合人事档案管理要求的数据库，数据库应包括员工基本信息、教育经历、工作经历、培训记录、职务变动、评价等，确保所有员工的相关档案都能被及时录入和更新到数据库中。建议将部分数据采集和录入工作交由员工自行完成，增强数据的准确性和实时性。重视数据库的安全性，确保只有授权人员才够访问和操作数据库。设置权限控制、密码保护和数据备份等，避免数据泄露和丢失。通过数据库的查询功能，提供灵活和高效的数据检索服务，可以根据不同条件和需求查询和提取相关档案。此外，数据库的分析功能可为领导决策提供有用的数据，要定期对数据库的数据进行分析，确保数据的准确性和完整性。开展数据清洗和质量管理工作，简化冗余数据，优化数据结构，提高数据库的运行效率。严格遵守相关法律法规，保护员工的个人隐私和机密信息。制定明确的权限管理和数据保密制度，对敏感信息进行合规处理和管理。

2. 建立档案动态更新与容灾备份制度

随着医院改革的不断深化，医院人事调整也变得相对频繁，人事档案管理工作要及时更新医护人员的档案信息。人事档案内容要和档案当事人的实际工作情况保持一致，这样才能为人力资源开发提供有用的数据。医院人事档案管理应该建立动态更新机制，细分档案内容。对于普通的人事信息，如家庭住址、手机号码等信息，可以每季度更新一次；对于重要的人事信息，如培训记录等信息，应该每月更新一次，保证人事档案数据更新的及时性，为人力资源开发提供有用的数据。

此外，为了保护人事档案，应该建立容灾备份制度。将所有档案进行复制，分别存储原文件和复制文件，避免人事档案的丢失，同时为人力资源开发提供数据参考。

3. 建立档案管理激励机制

建立档案管理激励机制对于提高档案管理人员的工作积极性，进而提高档案管理质量非常有效。以下是一些建议，可用于建立档案管理激励机制。

建立档案管理评价体系：制定完善的档案管理评价指标，通过对这些指标的评估，对档案管理人员的工作进行量化评估，形成客观的评价结果。

奖励、表彰优秀的档案管理人员：根据评价结果，建立奖励机制，对在档案管理工作中表现出色的人员进行奖励和表彰。这将激励档案管理人员提高工作质量和绩效，为医院的发展做出更大的贡献。

提供培训和发展的机会：建立健全的培训机制，为档案管理人员提供相关培训和专业发展机会，提高其专业能力和技术水平。这将使他们更有信心和能力应对档案管理的变化和挑战，提高工作效率和满意度。

建立员工参与机制：鼓励档案管理人员参与档案管理制度的建设和改进，充分发挥他们的智慧，鼓励他们提出改进档案管理工作的建议和意见，营造共同进步的良好氛围。

加强交流和分享：定期组织档案管理人员进行经验交流和案例分享，以促进彼此之间的学习和成长。通过分享成功的经验和解决问题的方法，激发档案管理人员的工作动力和创新意识。

通过建立档案管理激励机制，可以有效激发档案管理人员的工作热情和积极性，提高其工作质量和效率，进而为医院的发展提供更有价值的数据信息和支持。

（三）做好医院人事档案数据库建设

基于大数据时代发展的特征和趋势，结合当前医院人事档案管理信息安全的现实要求，为了保障人事档案的信息安全，切实提高人事档案的利用率，要积极利用大数据技术的优势，建立人事档案数据库，将医院在不同时期、不同阶段、不同部门、不同岗位的所有人员的人事档案以及相关信息录入数据库，并通过云计算、云存储技术来实现档案管理数据平台的共建与共享。

数据库的建设要从以下方面着手：一是从档案信息的收集着手，确保信息的真实性与完整性，可以利用先进的识别技术、自动扫描技术等提高档案信息的录入效率。同时，利用大数据技术的数据分析与处理功能对人事档案进行分类、汇总处理。二是要加强各部门、各使用单位的配合工作，引导各部门做好人事档案及时收集、更新、整理、接收的工作，及时完善人事信息，以提高人事档案的利用率与利用价值。三是要保障数据库的信息安全。人事档案管理涉及很多重要的信息，不能泄露。数据库建设将人事信息汇总到一起，在一定程度上会产生信息泄露的风险。对此，就要做好数据库的信息安全防护，可以利用虚拟专用网络

(VPN)，在公共网络的基础上建立专用网络，连接数据库访问通道，实现加密通信，由此保障数据库的信息安全。

（四）加强数字信息化在人事档案管理中的应用

1．突破传统的管理方式

借助数字信息化手段对人事档案进行管理，与传统的管理方式存在很大的差异。所以，不能按照传统的管理方式开展相关工作，而是需要结合数字信息化模式的特点，突破传统的管理方式。

医院人事档案管理对于管理工作质量要求较高，所以医院人事档案需要选择合适的存储媒介，如硬盘、云存储等，确保数字信息化人事档案的安全性和可靠性。同时，应保证存储媒介的稳定性和耐用性，以防止数据损坏或丢失。要定期对数字信息化人事档案进行备份，可以采用自动化备份工具或定期手动备份，确保数据的完整性和可恢复性。备份的数据应存储在安全的地方，可独立于原始数据存储设备，以应对系统故障等情况。要制定和实施数字信息化人事档案管理的规范化制度，包括档案录入、存储、检索、共享等各方面的具体要求和流程。规范化制度能够确保数字信息化人事档案的准确性、一致性和可追溯性。要采取有效的信息安全措施，如访问权限控制、数据加密、防病毒软件等，保障数字信息化人事档案的机密性和完整性。此外，定期进行安全漏洞扫描和安全风险评估，及时消除安全隐患。建立监管和审核机制，定期对数字信息化人事档案管理工作进行检查和评估。设立专门的审核人员或委员会，对数字信息化人事档案的管理流程、数据质量等进行审查，及时发现问题并进行整改。

2．配备完善的数字信息化人事档案管理设备设施

在摒弃传统的人事档案管理模式，采用数字信息化管理模式后，需要对管理设备设施进行升级，配备完善的数字信息化人事档案管理设备设施，如此才能全面发挥数字信息化管理模式的作用。在将人事档案进行数字化处理的过程中，数字化设备设施具有重要作用，如扫描设备等，能够将纸质文件快速转化为电子文件。诸如此类的电子设备还有许多，都具有重要的作用。所以需要加强对电子设备的应用，配备完善的硬件设备设施。

在将传统纸质人事档案进行数字信息化处理时，一是需要配备高效率的扫描

设备，这是数字信息化人事档案管理模式实现的基础。通过扫描设备将纸质人事档案中的信息进行扫描和读取，将读取的数据录入数字信息化管理系统。

二是需要配备大容量的硬件存储设备。由于医院人事档案中包含大量的信息，经过数字化处理后，对存储空间的需求更大。因此，医院需要购进适用于存储大量数据的存储设备，如高容量的服务器、网络存储器等。同时，还需要确保硬件设备的质量和稳定性，以防止数据丢失或损坏。

三是在网络硬件设备设施方面，需要配备的硬件设备设施包括计算机、大型高速交换机、路由器以及光端等。这些网络硬件设备设施能够保证网络质量，切实提高数字信息化管理的质量。

四是在输出设备设施方面，需要配备视频输出设备、彩色喷墨打印机、A3彩色激光打印机以及A4喷墨打印机等，从而提高数字信息化人事档案的输出效率，使数字信息化人事档案利用率得以提高。

（五）做好人事档案信息化管理的安全防护

确保数据的机密性和安全性是人事档案管理的基本要求，需要采取相应的防护措施。

首先，针对管理人员，进行专业化的培训是非常必要的。培养管理人员的安全意识和信息化建设意识，让他们了解网络安全知识，并学会使用防护软件来预防黑客攻击。这样可以提高管理人员对数据安全的重视程度，降低数据泄露和攻击的风险。

其次，增强数据传输和存储的安全性。采用加密算法保护数据在传输过程中的安全。此外，对于数据的存储，可以采取多重备份和灾难恢复计划等措施，避免数据丢失和损坏。

另外，在数据查找和运用过程中，高效率也是需要考虑的因素。人事档案信息化建设可以提供高效、便捷的数据查找和管理方式，减少人力资源的浪费，并利用物力资源为医院的发展提供保障。

（六）加强医院人事档案管理中人工智能技术的应用

1. 做好新旧人事档案电子化工作

将纸质人事档案进行电子化是医院进行信息化人事档案管理的一项基础工

作。在人工智能技术尚未成熟时，纸质档案电子化工作一般是通过医院档案管理人员手动在计算机中输入纸质信息。这样的转换方式不仅效率低、易产生信息上的错误，而且很难转化如图片、照片等非文字化信息。即使借助扫描设备，也仅能将其保存为图片形式，不能对文档中的内容进行编辑，更不利于更新档案内容。而随着人工智能技术的发展，光学字符识别（OCR）技术在人事档案电子化工作中得到了广泛应用。通过使用OCR技术，医院档案管理人员可以直接通过扫描仪将纸质文档转变成可编辑的电子文档，且支持同步保存非文字类的信息，这在很大程度上提高了人事档案电子化的工作效率。除了将老员工的纸质档案电子化外，医院还可利用人工智能技术直接建立新员工的人事信息电子档案。在人工智能的管理下，系统会为每一个新入职的员工匹配工号，作为其在医院工作中的身份标识。而工号信息与具体的人事档案内容同步，可直接查找员工的照片、身份证、出生年月日、民族、籍贯、政治身份、工作经历等主要信息，避免档案管理人员手动录入新员工档案的情况，使得档案管理人力成本大大降低。因此，在医院人事档案信息化管理建设中，应积极应用人工智能技术完成人事档案电子化工作，从而更好地为档案管理提供数据支持。

2. 优化人事档案管理信息检索与智慧决策

与传统的人事档案管理模式相比，人工智能技术拥有强大的数据检索功能，可以帮助档案管理人员快速通过关键字对医院中符合要求的人事信息进行检索，并且支持数据的批量下载、统计与分析。档案管理人员还可通过在系统中提前预设统计格式和统计关键词，直接从系统中导出人事管理数据，并根据要求进行数据分析，生成符合要求的图表，使档案管理人员进行数据处理的工作量大大降低。人工智能技术还具有用户感知的功能，当使用者重复检索条件相似的信息时，人工智能在后续检索中会自动为用户优先展示符合条件的信息。例如，档案管理人员想要检索医院中离退休人员的人事资料，当他重复在搜索框中输入几次“离退休人员”后，人工智能会自动在主页面上向管理人员展示有关离退休人员的相关资料，使管理人员的工作效率得到了极大的提高。

人工智能技术在人事档案管理中的应用是非常有前景的。通过大数据分析和智能算法，人工智能可以对人事档案中的信息进行深度挖掘和分析，从而为管理人员提供智慧决策支持。

首先，利用人工智能技术对人事档案进行分析可以帮助管理人员更好地了解医院的人事结构和组织架构。通过分析档案中的员工信息、部门关系、职位层级等数据，可以描绘出医院的人事组织图，帮助管理人员更好地了解人事状况和各部门之间的关系，从而进行合理的人员配置和管理。

其次，人工智能技术可以对人事档案中的员工绩效、培训记录、晋升情况等数据进行分析，以此评估每个员工的绩效水平和发展潜力，为管理人员提供员工晋升、培训和激励的决策支持。通过深度学习和模式识别算法，人工智能可以发现员工的潜在问题、瓶颈和发展机会，帮助管理人员更加精确地制订人员发展计划。

最后，人工智能技术可以对员工离职、转岗和晋升等情况进行预测和提前预警，帮助管理人员及时采取应对措施。通过分析人事档案中的历史数据，人工智能可以发现人员流动的规律和趋势，帮助管理人员预测人员变动情况，提前做好人员储备和调整规划。

3. 完善人事档案价值评定与人员考核功能

医院人事档案管理的一个重要内容是审查档案的真实性与准确性，这影响医院工作人员的转正定级、职称申报、养老办理等多项事务的开展。依靠人工审查人事档案，不仅增加了档案管理人员的工作压力，而且对于一些涉及专业的审核，档案管理人员通常很难独自处理，需要通过第三方审核机构才能完成审核工作，使得档案信息审核的成本大大提升。人工智能技术拥有模拟人类思维的能力，在算法、算力和数据的支持下，它能通过推理、分析和记忆功能代替人类处理信息。所以，通过为人工智能系统录入专家评定数据库，并设定专门的评定标准，将其编写成算法植入人工智能中，人工智能就具有了代替人类进行档案价值评定的可能性。接着，通过模拟测试训练，反馈测试结果，人工智能便能习得档案价值评定的能力，能直接评估数据库中工作人员的人事档案内容，使医院人事档案管理的工作效率得到有效提高。

另外，人工智能技术能为医院人事档案管理中的考核工作提供非常重要的支持。首先，通过人工智能技术，人事档案管理数据库可以为评审专家提供工作人员的相关信息。评审专家可以查阅工作人员的工龄、职称、工作情况、工作表现、获奖情况等数据，以便更全面地进行员工考核和评估。这样可以避免评审过程中因信息不全或难以查找而带来的困扰，增强考核的准确性和公正性。其次，人工智能技术可以帮助医院制定更合理、更人性化的考评标准。通过分析医院的人事档案数据库和其他部门数据库中的数据，如门诊挂号数据、满意度调查数据、病房工作时长、手术数量等，可以为职称评审等考核工作提供更客观、更全面的评估指标。这样可以减少主观因素的影响，更公平地评价工作人员的工作表现。

除此之外，人工智能技术还可以结合自然语言处理和机器学习等技术，自动生成绩效评价报告。通过分析工作人员在工作中的成绩和表现，并与相关标准进行比较，人工智能能够自动提取关键信息，生成绩效评价报告。这样可以节省人力资源部门的时间和精力，提高工作效率。

4. 增强人事档案的共享性和安全性

加强人事档案系统与医院各部门数据库之间的联系，以提高信息利用率，是非常重要的措施。

首先，通过打通与医院各部门数据库的传输渠道，可以实现数据的互通和共享。这样，人事档案系统可以获取来自其他部门的数据，如门诊挂号数据、满意度调查数据、病房工作时长、手术数量等，为人事管理提供更准确、全面的信息。

其次，医院可以建立线上申请系统，如医院办公自动化系统（OA 系统），供工作人员申请人事资料证明等相关资料。这样可以避免传统的线下申请流程，简化档案管理流程，提高效率。申请材料一旦通过线上系统提交，人事档案管理人员可立即收到申请，并进行审核处理。审核通过后，系统可以自动按照预设的模板生成资料证明，并将其发送到工作人员的 OA 信箱中。这样不仅减轻了档案管理人员的工作负担，还为工作人员提供了便利。

此外，人工智能技术还能有效增强医院人事档案管理的安全性。首先，通过为人事档案数据库安装智能入侵检测系统，可以自动监测和识别访问数据库的人员，并对具有潜在安全威胁的访问者进行拦截。这样可以防止病毒和恶意攻击者对人事档案数据库进行入侵和破坏。其次，人工智能技术可以使用生物特征识别方式，如虹膜、面部、声音和指纹识别等，来确保只有授权的人员能够访问和操作人事档案数据库。这种方式比传统的用户名和密码更加安全，可以防止非法人员访问和信息泄露。最后，通过配备监控摄像头、报警器等终端设备，可以实时对档案室进行监控。当系统通过摄像判定档案室中出现非法入侵的情况时，可以及时向负责人发出警告信号，确保人事档案管理的安全性。

第五节 医院医学装备档案管理

一、医院医学装备档案管理的重要性

（一）医学模式转变的需要

随着市场经济的发展和人们物质生活条件的改善、老龄化及健康观念的变化，医学模式已由单一的卫生服务体系向“生物—心理—社会”医学模式转换，人们对以促进身体健康为主要目的的医疗保健装备的需求会更加强烈。因此，医学装备质量管理已经成为医院质量管理的重要内容之一。

（二）医疗服务市场的需要

加入世贸组织后，我国进一步开放了医疗服务市场和健康相关产品的市场准入，以公立医院为主体、私营与个体医疗机构、中外合资合作医疗机构等多种所有制与经营方式并存局面的出现，加剧了医院间服务的竞争。国家鼓励不同类型医疗机构的发展，鼓励社会投资发展医疗卫生事业，医学装备的质量和层次必将成为医院提高竞争力的重要手段。

（三）医疗保险社会化的需要

国家基本医疗保险制度，将符合一定条件的医疗技术劳务项目和采用医疗仪器、设备、医用材料进行的诊断治疗项目，列入基本医疗保险诊疗项目。由此，人们对医学装备的质量和层次将更加关注。

（四）医学装备技术发展的需要

医学装备技术为临床经验诊断治疗向定量规范诊断治疗提供了科学的手段，医学装备已广泛采用现代科学技术。由于数字化、智能化、影像化、多功能以及综合参数检测技术的发展，传统的质量管理模式已经不适应现代医学装备技术发展的需要，从而增加了对医学装备质量管理的难度。

（五）医学科学技术进步的需要

医学装备是医学科学技术发展的重要支持条件，是开展医学工作的物质基础。医学装备不仅带动了新的医学学科的形成，而且从整体上推动了医学的进步。医学装备的精确程度直接影响病情诊断和治疗效果。重视医学装备质量，是促进医学科学技术发展的需要，医院必须重视医学装备的质量管理。

二、医院医学装备档案管理的策略

（一）建立完善的管理网络

要加强各级管理人员依法治档的意识，使之能够自觉接受法规的约束和监督。医院要成立由院长直接领导的档案管理网络小组，实行医院、科室、操作人员三级管理网络。定期召开有关人员会议，对工作目标予以明确，并对医院档案管理制度进行修订和完善。与此同时，还要对科室的管理目标和各自的岗位职责予以明确，并将医学装备档案管理工作作为医院目标管理责任制的一部分，纳入医院对科室的考核，及时与有关人员的考评、职称晋级、年终评优挂钩。在明确装备操作者负责装备日常维护保养的同时，做好日常记录，每次使用后，必须认真对使用情况进行记录，每半年便要将整理好的记录向医学装备管理委员会进行上报，经核查后存放在中心档案室，从而在全院形成有效的管理网络。

（二）确定医学装备档案的归档内容

医院要按照医学装备档案的管理要求，与医院的实际情况相结合，对医学装备档案管理的归档内容予以明确。内容包括装备申购过程中形成的档案和装备运行过程中形成的档案两部分。装备申购过程中形成的档案主要包括申购单、论证表、购销合同、协议书发票复印件（原件保存在财务档案中）、装箱单、运输单据、安装调试及验收报告装备操作规程、全套随机技术资料等。特大型的装备包括招标的有关材料、卫生资源配置许可的有关资料等。享受国家免税政策做外贸的设备，不仅包括上述材料，还包括电机设备进口证明、海关免税证明、报关单、外贸合同、质量保证书、发票、商检报告等。装备运行过程中形成的档案主要包括装备的使用情况记录、操作规程、维修保养情况记录，每年的经济效益分析、使用率与完好率统计等，并按年度将这些资料归入医学装备档案。随着医学装备从申购到安装使用，其相应的材料由医学装备委员会做好档案的收集整理工作，再移交医院中心档案室。同时将有关材料打印下发至有关使用科室，让各科室的装备操作者都能对医学装备档案的归档内容和要求有所了解，使之与中心档案室配合做好档案归档工作。

（三）广泛收集医学装备档案

在医学装备的整个生命周期中，从申购到报废，档案管理工作是非常重要的，需要跟踪收集相关资料，并且认真进行管理。

首先，在医学装备开箱验收阶段，档案管理人员应参与部门的开箱验收工作，并及时将相关资料进行收集和整理。这包括检验报告、调试记录、使用手册等，以便于后续的档案管理和使用。

其次，在装备的安装和调试阶段，档案管理人员应随时跟踪收集资料，并进行编码编页，确保这些资料可以随时被借阅和查询。这样可以方便操作人员参考手册，确保装备的正常使用。

再次，在了解各部门、各阶段装备文件的形成规律的基础上，档案管理人员应有目的地进行收集。根据各自的归档范围，按照规定的流程，收集和整理与装备相关的文件和资料。

最后，将收集的资料进行分类整理，尽量将所有资料收齐，以便于日后的使用和管理。例如，根据装备维修记录进行效益分析等。

第六节　医院固定资产档案管理

一、医院固定资产档案管理的重要性

（一）提升医院经营水平和业绩的内在要求

固定资产的相关档案能够记录医院内各类固定资产的使用记录，包括使用过程和优秀成果，这为医院深入研究单位内固定资产的使用情况提供丰富的资料。

通过对固定资产档案资料的分析和评估，医院可以全面了解自身拥有的各类设备、设施的状况和使用情况。这有助于医院对设备和设施进行全面的评估，了解其使用效果、使用寿命等。同时，医院可以借助这些档案进行科学分析，发现设备的优点和不足，找出存在的问题和改进的空间，为设备的进一步优化和改进提供参考。此外，固定资产档案还能为医院提供学习的资料，帮助医院进行自身的学习和成长。通过对档案中的资料进行研究和分析，医院可以更好地了解自身的优势和劣势，发挥优势，弥补劣势，实现科学发展。

（二）充分利用固定资产的必然要求

医院的设备和设施在不断更新和进步，固定资产档案是对这些设施资产的重要反映。全面、详细地管理固定资产档案可以帮助医院详细掌握各类固定资产的功能和使用情况，从而提供重要的前提条件。

固定资产档案管理工作是医院充分利用固定资产、为自身发展提供支持的重要途径。通过对这些档案资料的管理，医院可以实现以下几个方面的支持。

优化资产利用：通过全面了解固定资产的功能和使用情况，医院能够更好地规划和安排资产的使用，确保最优的利用效果。

提供决策支持：固定资产档案提供设备和设施的详细资料，医院可以根据这些资料进行决策，包括设备更换、维修、保养等，以确保设施的正常运转。

资产价值评估：固定资产档案包含设备的购买价值、使用寿命等信息，有助于医院对资产进行评估，从而更好地掌握资产的价值情况，为财务管理提供依据。

知识传承和学习积累：固定资产档案可以作为宝贵的知识和经验积累，帮助医院学习和传承先进的技术和管理经验。

（三）为医院未来建设提供重要参考

固定资产档案不仅仅是对当前资产的反映，也包含了医院的发展历程和经验教训。这些档案资料可以为医院未来的建设和运营提供丰富的经验和借鉴。通过研究固定资产的档案资料，可以深入了解医院在过去的发展过程中所采取的管理措施，包括设备选型、维护保养、更新换代等方面。这些经验和教训对于医院的内部建设具有重要的指导意义。可以通过总结过去的经验，避免重复犯错，优化资产管理流程，提高资产利用效率。

此外，固定资产档案还可以帮助医院进行历史借鉴。通过比较不同时期的固定资产档案，可以把握不同阶段的设备更新和改造情况，了解当时的技术水平和行业发展趋势。这种历史借鉴有助于医院更好地把握未来发展的方向，以适应行业变化和医疗需求的不断变化。

（四）完善内部监督的重要手段

根据《“十四五”全国档案事业发展规划》，档案资料应该在档案移交和处置、档案相关知识产权保护以及档案监督检查等方面具有更广泛的应用。对于固定资产档案资料的及时收集、管理和检查，可以帮助医院及时了解医院各类固定资产的使用情况，发现和纠正不规范使用的现象，并总结经验教训。这些工作有助于完善医院内部的监督机制，提高资产管理的规范性和效率。

通过对固定资产档案的收集、管理和检查，可以实现以下目标。

①及时掌握资产的使用情况。通过定期收集和更新固定资产档案，可以及时掌握医院各类固定资产的使用情况，包括资产的数量、位置、价值、使用状况等。这为监督工作提供了可靠的依据。

②发现不规范使用的现象。通过对固定资产档案的检查，可以及时发现存在的固定资产不规范使用现象，如资产闲置、滥用、损坏等。这有助于及时纠正和改进，避免资源的浪费和损失。

③纠错和总结经验教训。通过对固定资产档案资料的检查，可以及时发现问题并进行纠正，从而总结经验教训，改进管理制度和流程。这有助于提高医院固定资产管理的规范性和效率。

二、医院固定资产档案管理存在的问题

（一）缺乏科学完善的固定资产与档案管理机制

近年来，政府部门对于医院部门的档案管理出台了新的规章制度，但部分医院在固定资产的利用方面缺乏科学的方式，医院内部的档案管理也存在相应的问题，主要表现在以下三个方面。

1. 医院缺少新型的管理模式

目前，部分医院部门忽视固定资产的管理规范，而且医院资源分配在固定资

产方面并不多，在医院信息化建设中对固定资产的信息化管理投入较少。此外，仍有少数医院使用人工对固定资产进行管理。而医院固定资产管理的难点在于一个科室对应多个分散的物理空间，如门诊、病区等。若使用传统的人工管理模式进行管理，不仅降低了医院固定资产的管理效率，而且出错率也很高。这在一定程度上增加了医院部门在后期统计汇总、复盘数据方面的困难。而且人工管理大多使用纸质文档，传递起来十分烦琐且耗时较长，不仅降低了效率，而且浪费了资源。

2. 医院不能全面管理固定资产

首先，医院大多采用分部门管理的方式，导致医院内部各部门之间的资源信息无法及时汇总共享，固定资产的信息非常散乱。其次，尽管医院对固定资产的购买非常重视，但对日常的使用和管理不够重视，这样资产管理就只能被利用在相应少部分的固定数据上，无法对其进行全面性的管理。

3. 医院没有统一价值与实体的管理

部分医院采用传统的管理方式，将固定资产实体方面的管理交给了医院内部的固定资产管理部门。这种管理方式的弊端有很多，最大的问题便是将固定资产的实体管理和价值管理一分为二，没有做到统一管理。而价值的基础就是实体，实体的表现方式便是价值。如果医院不注重价值管理和实体价值管理的统一，会出现一些问题，如信息处理不够及时、不够准确和不够完整等，这些都不利于医院的良性运转。

（二）固定资产档案资料归档工作不科学

1. 固定资产档案资料不系统

部分医院部门在收集固定资产档案上和处理工作流程上存在很多问题，如档案资料处理不够规范，在进行业务活动前才整理资料、在业务结束后再补充资料等，导致医院的档案资料收集和管理缺乏系统性和统一性。

2. 固定资产档案资料不够完整

目前，部分医院仍然使用传统的模式收集和管理档案资料，这导致医院在收集各种固定资产资料时存在不及时、不够详尽的问题。

3. 固定资产档案管理队伍工作水平不高

目前，部分医院的固定资产档案管理队伍建设有待加强，大多数工作人员较为年长，部分人员学历水平不高。在学习新型的资产管理模式时，这些工作人员效率较低，无法跟上医院发展的步伐，导致管理模式更新慢。而有少数的医院档案管理工作只能由其他部门人员兼职处理，这样就导致档案水平参差不齐，对医院的良性发展产生了不利的影响。

三、医院固定资产档案管理的策略

（一）加强固定资产档案管理工作考核

医院应及时考核单位内固定资产的档案收集和管理工作，将相关部门档案职责纳入档案管理监督体系。构建档案信息资源库，做好数据库的完善工作，为档案管理部门的固定资产档案信息资料系统化管理提供保障。医院应在具体的档案检索工具编制过程中积极采用信息技术，并利用信息数据库，实现档案信息的交流和共享。对相关部门提出相应要求，设置相应的考核标准，考核和查验各部门的档案资料收集、上交、整理、使用等环节。同时，建立相应的奖励和惩罚机制，促使各部门积极有效地开展固定资产档案管理工作，实现固定资产档案的全面管理、快速传递与使用，提高利用与管理效率。

（二）构建完善的医院固定资产档案管理制度

目前，由于部分医院的领导者对于固定资产档案管理缺乏重视，导致医院的固定资产管理者大多年龄较大、学历水平不高，并且没有接受过系统、专业的固定资产管理培训，从而使得医院固定资产档案管理团队的工作能力不高，无法紧跟医院的发展。此外，部分医院的档案管理者甚至是由其他部门的人临时组建的，所以无法收集到高质量的档案信息，导致管理工作需要时常进行返工，档案资料管理的工作效率低。

在固定资产档案收集与管理的方法上，部分医院依旧沿用传统的方法，导致在资产信息收集方面存在不及时、不全面等问题，无法对医疗设备的仪器附件、仪器调试、实验记录等进行完整全面的信息收集，缺乏完整的档案收集与管理的工作流程，不能做到对固定资产事前、事后的全面管理。

构建完善的医院固定资产档案管理制度是确保资产信息全面、准确和高效管理的重要步骤。以下是一些具体的措施和建议。

建立完整的档案保存制度：制定明确的规章制度，包括档案的整理、归档、借阅和销毁等方面的具体操作流程和要求。同时，明确档案保存的时间期限和归档方式，确保档案的长期保存和易于查阅。

建立固定资产档案信息库：创建统一的固定资产档案信息库，包括资产的基本信息、购置、使用和维护记录等，确保档案信息的全面、准确和一致性，便于资产的管理和查询。

明确责任负责人：对于档案管理的各项工作，明确责任负责人，将具体的管理工作分配到相关的岗位和人员，确保每个环节的责任和义务被落实，减少管理漏洞和责任推诿。

加强对固定资产使用情况的管理：对固定资产的使用情况进行监督和管理，包括资产的领用、借用、调拨和报废等，减少资产的浪费和损失。

提升档案管理人员的素质：对档案管理人员进行系统、专业的培训，提高其档案管理水平。同时，建立绩效考核和奖惩机制，激励档案管理人员的工作积极性和责任心。

（三）建立计算机网络管理系统，加强对经济合同的管理

信息技术的迅猛发展为提升医院的固定资产档案管理水平创造了有利条件。在医院的固定资产档案管理中应用计算机技术，利用计算机网络管理系统可以使各部门进行有机连接，达到资源与信息共享的目的，使医院的固定资产信息可以快速、清晰地呈现给管理者，最大限度地提升固定资产档案管理工作的效率，从而充分利用医院的固定资产，促进医院更好地发展。由于使用地点分散、价值高、管理难度大、使用周期长等是医院固定资产所具有的特点。所以，结合条形码技术构建固定资产的条码管理系统，跟踪和管理固定资产从资产购入到退出的整个过程，可以全面增强医院固定资产档案管理工作的信息化、标准化与规范化，从而让管理工作变得更加轻松、便捷，使固定资产的使用效率得到极大的提高。

另外，还需要建立责任追究制度，强化对经济合同的管理。对于固定资产的损耗、保养等问题可以通过合同及时地进行维护，达到经济合同统一集中归档管理的目的，并不定期抽查医院内部各部门所签订的合同，同时还要严格审查所签订的合同。若签订违规合同，则需要追究相关人员的责任，严格处罚。

第七节 医院后勤与设备档案管理

一、医院后勤档案管理

（一）医院后勤档案管理的重要性

1. 医院后勤档案管理是医院后勤工作的基础

医院的医疗、科研、教学的顺利开展离不开后勤保障工作的强有力支撑。自改革开放以来，医院发生了巨大的变化，医院的后勤保障工作也随之发生了变化。部分医院对于后勤工作未能及时形成文字材料存档，随着医院后勤人员工作岗位的变化、新老更替等，留存在记忆中的相关信息随着时间的流逝逐渐淡忘，导致医院后勤档案收集不完整。如果医院后勤档案收集不完整，就不能对医院后勤档案管理工作的全过程进行全面了解，从而无法顺利开发利用医院后勤档案，无法发挥医院后勤档案的价值。医院后勤档案收集得是否完整，决定了医院后勤档案管理基础工作是否牢靠、准确。

2. 医院后勤档案管理水平决定了档案利用水平的高低

档案利用是医院建立后勤档案的一个最重要的目的，医院的建筑设施、各种保障设施等的维修需要参考相应的图纸，明确供电、供水、排污等地下管线的分布情况以及其他相关数据，各项维修工作离不开医院后勤档案的辅助。若离开医院后勤档案的辅助，维修工作会因相关资料的缺失难以进行，工期也会相应延长。

各类后勤保障合同是维护医院自身合法权益的重要依据，需要妥善保管。同时，完善的水、电、气等方面的消耗档案也是医院节能工作的基础。只有通过科学的记录和分析，才能了解医院的能耗情况，进而采取有效的措施来降低能耗，减少浪费，降低医院的运营成本。为了实现节能目标，医院需要科学合理地制定节能指标，并采取科学有效的措施落实节能工作。这些措施可能包括改善设备的维护和运行方式、优化能源使用和管理、推广节能技术和理念等。同时，医院还需要建立完善的节能监测和考核机制，确保节能工作的有效实施和达成预期的节能效果。

（二）医院后勤档案管理存在的问题

1. 对医院后勤档案不够重视

目前，我国部分负责医院后勤管理工作的领导，没有意识到后勤档案的重要性。由于领导不重视，导致医院后勤工作人员建立后勤档案的意识不强，管理后勤档案的意识淡薄，使得应该建立档案的项目没有建立，或已经建立的档案没有及时向档案专门管理部门进行移交，导致工作中由于管理不善造成部分档案缺失，难以充分发挥医院后勤档案的辅助作用。

为满足为社会提供健康服务的需求，医院不仅要新增建筑设施，还要对原有建筑设施的局部甚至整体结构进行维修改造和重新调整布局，这可能会改变建筑设施的原貌。如果原有建筑设施的建筑结构图、建筑平面图、建筑立面图以及供电、供水、排污等地下管线等相关档案没有建档或缺失不全，会在很大程度上降低医院后勤档案的利用价值，不仅会增加建筑设施维修改造工作的难度，还会造成浪费。

2. 医院后勤档案管理制度有待健全

部分医院没有建立后勤档案管理制度，或者虽然有后勤档案管理制度但不是很完善，在后勤档案的收集、整理、保管、归档等方面也没有明确规定，满足不了医院对后勤档案利用的需求，从而降低后勤管理水平。部分医院的管理层也没有将后勤档案的收集、整理、保管、归档等方面的工作纳入年度绩效考核。没有制度和年度绩效考核的约束，后勤工作人员一般不会主动将后勤工作信息形成文字材料立卷保存，这就造成了后勤档案不完整。一些医院后勤部门工作人员认为到医院档案室借阅档案，需要后勤主管院长、后勤部门负责人、院长办公室负责人、档案室负责人等相关领导签字，手续过于烦琐。加之没有制度和年度绩效考核的约束，为了使用方便，他们索性就将本部门所收集的档案存放在本部门，不及时上交医院档案室。而有时会因本部门保管档案工作人员责任心不强，没有认真履行档案保管责任，容易使后勤档案存在丢失的风险。

3. 医院后勤档案信息化水平较低

虽然大多数医院信息化发展较快，在医疗信息管理、实验信息管理、电子病历等方面实现了信息化。但是，在医院内部信息化的进程是不均衡的，尤其是给后勤部门所配置的设备无法达到档案信息化的硬件要求，更无法实现档案信息化。

4. 医院后勤档案利用率不高

目前，部分医院在后勤档案管理方面存在收集范围狭窄的问题。除了建筑设施维修等少数资料的收集相对完整，其他大部分资料都收集得不完整。

（三）医院后勤档案管理的策略

1. 增强档案意识，强化领导监督

首先，领导在思想上要提高对档案管理工作重要性的认识，将后勤档案管理列入日常工作的重要内容，做到在安排布置各项工作的同时，布置档案的搜集、归类及存档，并做好检查验收工作。

其次，提升后勤全员的档案意识。后勤部门存在业务种类繁多、档案资料搜集难度大的特征，必须强化相关教育，使后勤每一位员工认识到档案管理工作的重要意义，更好地支持后勤档案管理工作，从而更好地为医疗工作服务。

2. 加强基础设施建设，创建良好的管理环境

完善的软硬件基础设施和良好的管理环境是后勤档案建设的物质基础。在技术基础设施方面，医院需要加强软、硬件建设，建立局域网并配备系列化配套设备，方便内部信息的交流和输出。同时，医院后勤部门应该设立一个具有独立职能的档案室，对各类档案进行集中管理，包括文书档案、财务档案、设备档案、基建档案等。为了实现后勤档案建设的目标，医院还需要建立完善的档案管理制度，明确各个环节的责任和要求。例如，规定档案的收集、整理、保管、借阅、归还等流程，确保档案资料的安全和完整性。同时，医院应该建立有效的监督机制，对后勤档案管理工作进行定期检查和评估，及时发现问题并采取措施进行整改。此外，医院还应该加强对后勤工作人员的培训和管理，提高他们的专业素质和工作能力，确保他们能够胜任后勤档案建设的相关工作。而医院管理层可以将后勤档案管理工作纳入年度绩效考核，激发相关人员的工作积极性。

3. 完善管理制度，规范管理行为

档案的管理离不开科学的管理制度。医院后勤部门结合本单位的工作实际，根据《中华人民共和国档案法》《中华人民共和国国职业病防治法》《科学技术研究档案管理规定》《医学科学技术档案管理办法》《医疗事故处理条例》等有关法律法规，完善岗位管理制度、档案归档制度、档案（借）阅制度、档案室管理制度等，并将档案管理工作与个人目标考核相挂钩，切实提高档案管理人员的素质

和业务水平。医院要更加注重档案管理队伍建设，通过定期或不定期地对档案管理人员进行教育培训，拓宽视野，丰富知识。同时，档案管理人员也需要具有创新意识，即后勤档案管理人员必须熟悉医院后勤业务的特点和发展规律，运用自身的业务知识，使后勤档案管理与后勤事业发展保持同步。

二、医院设备档案管理

（一）医院设备档案管理的重要性

医院设备档案管理是医院管理中非常重要的一部分，也是档案管理中比较重要的内容之一。医院设备档案是设备管理的根基，覆盖从计划采购直到最终报废的全过程，保存其中产生的所有信息。加强医院设备档案管理对于医院设备维护工作而言具有十分重要的意义，能够提高医院设备的使用率。

医院设备档案是维修工作展开的基础，可以为设备维修与保养等提供相关资料。在使用贵重设备展开各项工作的过程中，需要加强维护，提高保养的有效性。如果医院采购了全新的医疗设备，有关档案可以为管理人员和专家提供最新数据，使医院在制定各项决策的过程中有依据，而且相关档案还可以有效解决医患纠纷等问题。由此可见，医院设备档案管理对于提高医院的工作质量、技术水平与各项收益等具有非常重要的意义。

（二）医院设备档案管理存在的问题

1. 管理人员素质不高

目前，部分医院的档案管理工作人员并不是专业人才，并没有对有关方面的专业知识加以掌握，而且档案管理人员的年龄一般较大，因此在思想方面较为陈旧，创新能力不足，甚至有的管理人员会抗拒一些新鲜的事物。这一问题的存在导致医院在开展各项工作的过程中，很难获得较好的效果，降低了整体的管理水平。在长时间的发展过程中，管理工作更加混乱，会影响后续工作的展开。

2. 医院缺少完善的管理机制

在实际进行档案管理工作的过程中，如果具备完善的管理制度和控制机制，可以更加高效地进行管理工作。然而，一些医院依然欠缺完善的管理机制与相关制度，使其无法实现规范化发展。一般来讲，医院设备档案管理工作包括多项内容，但部分医院并没有建立完善的管理机制，很难落实档案管理工作。而且一些档案管理人员积极性较差，经常出现工作懈怠的情况，无法及时有效地记录设备的使用与维修情况，甚至会出现各种各样的问题，严重阻碍了档案管理工作的开展，给医院造成损失。

3. 管理形式过于固定单一

随着信息技术的迅猛发展，在各个行业中都对互联网与其相关技术进行了运用，但对于医院档案管理工作而言，部分医院在管理一些时间比较久远的资料时，依然使用纸质化的保存与管理方式，导致管理形式单一，不能准确地进行分类。而在对相关信息进行查询的过程中，就会造成时间的浪费，并且很难对完整的信息进行获取。

此外，纸质实体档案容易受到破坏，还可能出现丢失等情况，会严重影响档案查询工作，导致管理水平降低，严重影响医院的整体工作效率。

4. 医院设备档案较为分散

综合分析我国多数医院的档案管理现状，可以了解到医院设备档案管理在管理过程中，由于缺乏健全的管理制度，出现了医院设备档案较为分散的现象。医院没有将档案进行统一保存管理，导致设备从引进、安装、使用到报废，为其提供的资料都不够完善，同时也出现了较为严重的丢失现象，制约了医院档案管理的发展，无法发挥其自身的实质作用。

（三）医院设备档案管理的策略

1. 健全管理体系，建立行之有效的规章制度

由于设备档案管理的重要性日益突显，许多医院已经建立了管理体制，但完善程度不够，主要表现在相关信息记录不及时。例如，医院引进设备并投入使用，但是设备的使用情况或者其他基本信息根本没有记录在档，这不仅会导致医院设备的信息不完善，也会对其他相关工作造成很大的影响。

所以，要想提高医院设备档案管理水平，健全管理体系，建立行之有效的规章制度是十分必要的。一般来讲，一方面，医院可以成立专门的监督小组，检查并监督设备档案的落实和完善情况，可以采取定期检查的方式，也可以采用不定期抽查的方式，这样可以督促档案管理人员的行为，避免其因为工作懈怠而影响

相关情况的记录。另一方面，医院可以将责任落实到个人，强化每个人的工作和责任意识，一同加强医院设备档案的管理工作。

2. 借助信息化实现医院设备档案创新管理

使用知识化档案管理记录的方式可能会造成档案遗失等情况，而且在查找的过程中，容易出现浪费时间和影响工作效率的问题。随着互联网行业的迅猛发展，医院设备档案管理信息化已经成为发展中的重点。信息化建设不仅能够使整体工作效率得到提高，也可以使档案工作流程大为缩短。

首先，医院需要对档案管理人员进行培训，使其不受传统观念的影响，优化管理方式。而且档案管理人员本身也需要加强学习，在这一基础上，才可以熟悉业务，使自身的管理水平和工作效率得到有效提高。

其次，医院档案管理人员需要提高对管理工作的重视程度，因为互联网本身的开放性较强，所以网络黑客或计算机病毒等容易破坏档案信息，需要定期进行设备档案的检查与管理工作，确认相关数据的准确性，保证档案信息的安全。利用创新性的管理模式，可以使设备档案管理工作实现信息化发展，在更大程度上优化管理流程，使管理工作获得更大程度的进步，为其发展提供动力保障。

第四章　医院档案信息化建设的基本理论

21世纪是信息化的时代，信息技术的发展和应用给医疗卫生事业的发展带来了新机遇，现代信息技术在医院档案信息化建设等方面的广泛应用，极大地提高了医院档案管理的工作效率。医院中有海量的档案信息，针对档案信息开展信息化建设已经成为医院亟须做好的工作之一。本章围绕医院档案信息化建设概述和医院档案信息化建设的理论基础展开研究。

第一节　医院档案信息化建设概述

一、档案信息化建设

20世纪，计算机技术和信息通信技术被创造出来并成功地结合在了一起，得到了十分广泛的应用。这两项技术的融合带来了一系列改进，对信息生产、处理和传输等工作方式进行了全方位的革新。这种革新具有巨大的影响和意义，不仅体现在技术层面，而且体现在生产方式和社会经济结构的变化上，使人们的生活方式和工作方式发生了前所未有的改变。这种巨大的改变被人们称为"信息化"。如今，随着经济全球化的不断发展，技术在全球范围内的流动日益频繁。信息化也被大多数国家和地区视为发展的重要方向。许多国家和地区纷纷制定了关于信息化的战略，信息化也逐渐融入各行各业，并日益发挥着巨大的作用。而档案信息化是推进国家、地区、行业和机构信息化的重要构成，同时也是现代档案学理论和实践的核心使命。

（一）档案信息化的概念

科学的定义是档案信息化实践的理论基础，有利于全面理解档案信息化的目标和任务，有利于按照信息化的客观规律推进档案事业的科学发展。什么是档案信息化？学术界有多种定义，不同的视角会有不同的理解。这里采用2013年12月出版的《大辞海》中的定义：档案信息化是指在国家档案行政管理部门的统筹规划和组织下，以档案信息资源建设为核心，以信息人才为依托，以法规、制度、标准为保障，全面应用现代信息技术，不断改革传统的档案管理模式，有效提高档案信息资源收集、管理和提供利用服务的水平，加速档案管理现代化的过程。该定义总结了我国档案信息化的基本经验和基本规律，其内涵如下。

1. 必须由档案行政管理部门统筹规划和组织实施

档案信息化不是单纯的计算机应用，也不是具体的档案业务，而是事关全局和影响深远的复杂的系统工程。这需要人才、设备、资金等方面的支持，需要全面、持续、稳步地推进，并需要经历较长的完善过程。因此，档案信息化不能各自为政、分头建导。同时，需要精心组织实施，在技术平台、网络体系、组织机构、人才队伍、资源建设、基础业务、建设经费等方面提供保障，如此才能确保这项事业持续有效地开展。

2. 必须以档案信息资源建设为核心

从某种意义上说，档案信息化的核心目标是使档案信息资源化，即将档案信息转换为真正意义上的档案信息资源。资源化不是简单地将档案信息做数字化处理，也不是简单地将其放到网络上传输，而是应用信息技术，使档案信息媒体多元化、内容有序化、配置集成化、质量最优化、价值最大化，通过档案信息系统的加工处理，确保各种社会信息真实、完整、有效，便于跨越时空广泛地共享利用，在实现档案信息增值的同时，承担传承人类记忆的历史使命。

3. 必须建立高素质的档案信息人才队伍

档案信息化是档案专业、信息专业和计算机专业的结合，属于技术密集型和知识密集型专业。传统的档案干部队伍结构和人员知识结构已经不能完全适应档案信息化的需要。档案部门缺乏档案专业和信息技术专业的复合型跨界人才，这已经成为制约档案信息化深入发展的瓶颈。因此，一方面，要引进和培养相关人才；另一方面，要通过建立有效的激励机制，鼓励档案人员学习信息技术知识，提升档案信息化水平。

4. 必须在法规、制度、标准方面建立相应的保障体系

信息技术的应用必然给传统的保障体系带来挑战。只有根据信息技术的特点

和应用要求，不断制定和完善档案管理的法规、制度、标准、规范，才能确保档案信息系统的科学建设和有效运行。

5. 必须全面应用现代信息技术

信息技术具有强大的潜能，只有全面地应用才能真正转化为生产力。所谓全面应用，有三层意思：一是与档案工作有关的各个工作部门和人员都要参与应用，而不是仅靠档案业务人员应用；二是应用于档案全过程管理的各项业务，而不是只应用于单项业务；三是引进各种先进、适用的信息技术，并不断跟踪和应用新兴的信息技术，使信息技术真正成为档案事业发展的不竭动力。

6. 必须改革传统的档案管理模式

传统的档案管理模式建立在手工管理基础上，必然会出现与信息技术应用不相适应或不相匹配的问题。应当不断改革传统的档案管理模式，适应信息技术环境下新型的档案管理模式，而不能消极地让新技术适应传统的档案管理模式，这样才能最大限度地发挥信息技术的效能。

7. 必须树立强烈的效益意识

档案信息化不能徒有虚名，而是要遵循经济规律，力争取得较好的效果。当然，档案信息化很难估量直接的经济效益。但是，在取得效果方面，要努力追求社会效益、长远效益。要树立大目标，不能满足于一般的省人、省事、省力，而是要致力于解决传统档案管理中遇到的收集难、著录难、整理难、保管难、内容检索难、多媒体编研难，以及电子文件的保真、保密、保用等老大难问题，力争提升档案科学化、规范化的管理水平和服务水平，在促进经济发展、文化繁荣以及法治化、民主化进程中建功立业。

档案界曾经有过许多与档案信息化类似或相关的概念，都强调了某些侧面，如“档案管理自动化”，强调包括微电子、缩微、复印、传真等自动化技术在档案管理中的应用；“计算机辅助档案管理”，强调应用计算机人机交互、对话的方式，辅助档案管理的各项业务工作；“档案现代化管理”，除了强调档案管理应用计算机技术，实现管理手段的现代化，还强调档案管理理念、体制、方法的现代化；“文档一体化管理”，强调运用文件生命周期理论，从公文和档案管理工作的全局出发，应用计算机技术实现档案的全过程管理和前端控制，提高文档管理的效率和质量。这些与档案信息化相关的概念的形成，既反映了档案信息化理论研究和实践探索的阶段性成果，也反映了我国档案信息文化发展的轨迹。

（二）档案信息化的内容

档案信息化涉及的范围非常广，包括应用信息技术生成、管理、开发、利用档案的所有相关活动。如果根据工作性质对档案信息化的内容进行划分，可以分为两大类别，即环境构建和资源建设。

1. 环境构建

（1）理顺管理机制

对于各项事业来说，最关键的问题就是机制体制的问题。科学的机制体制可以帮助各个要素之间进行合理的配置，并且能够很好地激发各方的积极性。与此同时，机制体制是复杂的存在，涉及多个部门的权责关系和组织体系，关联甚多，影响甚大。档案信息化作为档案事业的核心部分，必须在确定的机制和制度框架内运作。具体而言，各层级档案机构的工作应统一由国家档案行政机关掌管，由地方各级档案行政机关分别进行管理。对于一些专业性较强或者有特殊情况的档案，应由专业的主管部门负责管理。受档案信息化的影响，档案管理机制变得越来越复杂，这一点尤其体现在以下两个方面：首先，档案信息化是社会整体信息化的一个组成部分，其工作的推进必须经过国家、地方和行业三个层面的统筹兼顾，但是这种三方负责的机制体制目前尚未建立起来，政出多门的问题依旧存在；其次，面对电子文件一体化需求的日益增长，档案机构和文化工作主管部门需要进行更加紧密的协作。然而，这项工作面临了一定的挑战。由于党、政、军三个系统有不同的文件工作主管部门，档案管理机制体制仍然存在多头指挥的现状。

（2）健全法规政策

档案信息化是一项新颖的工作，该项工作的主要对象是具有新特点的档案。档案信息化使用的技术包括与电子化、自动化和网络化相关的高新技术，因此在工作方法和工作的具体内容上，与传统的档案管理工作相比发生了巨大的变革。这一变革涉及方方面面，因此在实现档案信息化的过程中会不可避免地产生许多新的问题。对于解决新问题，需要采用不同的方法。当涉及权利和义务之间的关系时，我们需要依据相关的法律法规来规范；而当涉及档案工作的定位和发展途径时，则需要国家层面的政策来提供引导和支持。在现阶段，档案信息化最迫切的工作是获得相关政策的支持，这需要国家将档案信息化作为整个社会信息资源开发利用的重要一环，并将其纳入各个层级的信息化发展战略中，及时制定档案信息化的相关上层规划。

（3）制定标准规范

在实现档案信息化的过程中，会不可避免地产生诸多问题，其中一个较为突出的问题就是操作过程的问题。这一问题需要通过制定标准规范来解决，具体的做法是普及和推广优秀的档案管理实践经验，以实现在一定程度上的档案管理方法的统一。在管理过程中，还应削减低水平的重复工作，加强对有效信息的共享。数字档案管理对于标准化的要求比传统的档案管理更高，而这种高要求是必然的，因为档案信息化会面临许多新的风险。如现阶段，在全国范围内尚未建立统一的档案信息交换格式标准，这就导致各级档案机构使用不同的档案信息交换格式。这造成了各个档案机构之间的信息交流不畅，建设的档案数据库便形成了数据孤岛。同时，如果档案信息的电子文件储存格式不统一，将导致无法有效输入档案信息，可能导致档案数据丢失，难以进行补救。因此，在推进档案信息化的同时，还要同步进行档案标准化，甚至在推进档案信息化之前就进行档案标准化。

（4）完善社会服务体系

档案信息化是一项系统性的工作，也是一项庞大的工作，单靠档案馆和相关档案机构是难以完成全部的档案信息化工作的。因此，档案信息化工作需要社会多方参与、共同努力。促成档案信息化的主要社会力量包括用于管理档案的计算机软硬件的提供商、相关咨询机构、档案信息化网络安全服务商、开设了信息技术相关专业的高等院校、负责档案管理的行业协会、相关领域的科研机构等。缺少了这些社会力量提供的产品和服务，档案信息化将难以进行。为了促使这些社会力量加入档案信息化，政府相关部门应加快出台相关的办法，制定相关的标准并投入一定的资金。

（5）加强人才培养

首先，优化档案人才队伍结构。在档案信息化管理过程中，需要不断地改进和优化档案人才队伍结构。从当前基层政府部门档案管理人员的现状来看，各政府部门都或多或少缺乏以下三种类型的人才：一是档案专业管理人才，如优秀的档案学专业大学毕业生和基层档案管理工作经验丰富的档案工作人员等；二是信息化专业人才，如优秀的计算机专业大学毕业生、知名企业的软件工程师和网络工程师等，三是公共管理型人才，如优秀的公共管理学专业大学毕业生、社会上公共管理领域的专家和学者等。在如今档案干部队伍“老龄化”偏严重的背景下，亟须优化基层档案干部队伍结构，如可以通过收集档案学、公共管理学或者计算机专业的大学毕业生的信息，以及拥有计算机或档案初级以上职称，或者拥有五年以上信息化岗位或档案岗位工作经验的工作人员的信息，建立档案信息化专家智库。在同一部门内部优先安排使用档案信息化专家智库成员在档案信息化管理岗位工作，确保专业的人做专业的事。如因工作需要开展档案重点任务或重点项目攻坚活动时，可以统筹抽调档案信息化专家智库成员去一线攻坚克难。只要有利于档案信息化管理工作的发展，甚至可以建议组织部门跨部门抽调档案信息化专家智库成员，尽量安排其到紧缺急用档案信息化专家的部门交流。

其次，关心关爱档案干部成长。档案干部队伍不稳定、流动性大，主要是由于档案工作与其他工作相比属于基础性、辅助性工作。所以，应该建立一套激励档案干部的机制，同时关心关爱档案干部的成长，让档案干部感受到组织大家庭的温暖，保持档案干部队伍的长期稳定，进一步提升档案干部锐意进取、苦干实干的精气神，以昂扬斗志推动档案事业创新发展。

再次，建立科学的引才育才机制，大力引进档案信息化管理专业人才。如可以简化事业单位工作人员的引进流程，将档案专业或信息化专业设置为紧缺型专业，面向全日制硕士及以上学历相关专业的毕业人员或者“双一流”建设高校相关专业的全日制本科毕业生，可通过简历比选、面试、体检、考察确定事业单位聘用人员名单，并落实政府事业编制。当然也可以采用前往知名高校内部举办高校毕业生专场招聘会的形式吸引档案专业、信息化专业的人才参与档案信息化管理工作，提高档案信息化队伍的整体业务水平。在引进档案信息化管理专业人才之后，要切实解决他们在本地安家落户的后顾之忧，不仅可以根据本地的实际薪资待遇水平和经济发展程度发放一次性人才引进补贴，还可以从住房、婚恋及子女教育等方面给予其一定的政策倾斜与要素保障，让档案信息化管理人才“引得进”“留得住”。

最后，大力培育本地区档案专业人才。每年统一规划、合理设置档案管理人员教育培训计划，有针对性地加强档案信息化业务培训工作，可以从当地建立的档案信息化专家智库中挑选出一些专家，给各政府部门现有档案干部和从业人员专门进行相关业务知识培训，创新培训内容、改进培训方式，着力提升档案信息化管理水平，确保现有档案干部能扛起部门档案信息化管理工作的重任。

2. 资源建设

（1）资源创建

资源创建是指通过各种手段形成数字档案及其加工信息的过程，这里的数字档案及其加工信息被统称为“数字档案信息资源”。这些信息以二进制代码存在，可以在计算机上进行处理，也可以通过网络传递。数字化档案不仅包含丰富的信息，而且其信息的种类也很繁杂。根据其信息的加工程度，可以将信息分为原文信息、目录信息、编研信息。原文信息比较容易获得，可以在计算机系统中直接生成，也被称为“电子文件”或者“电子档案”，主要有文本、图像、音频和视频等形式。一般情况下，计算机系统都会设有机读目录，其主要形式是数据库。机读目录的来源主要有两种：一是人工输入；二是在捕获文件的过程中形成元数据，再根据这些元数据自动生成机读目录。构成机读目录的基本元素就是目录信息。编研信息是在档案原文信息和目录信息的基础上形成的。在数字环境下编研的信息，无论是在种类上还是表现形式上，都具有多样化的特征，这是传统的编研信息无法比拟的。

（2）资源管理

在创建档案信息资源之后，必不可少的工作就是对其进行有效的管理，以增强档案信息资源的真实性、完整性和可用性。档案管理工作的具体内容要根据档案信息资源的种类进行确定。最近几年，信息技术领域的发展迅猛，新技术不断涌现，旧技术不断被淘汰，这导致数字信息的失真和丢失问题非常普遍，有时候甚至无法被正确识读。这成为国际范围内研究信息资源领域的重要议题，也是档案信息化所面临的困难。

（3）资源服务

通过一定的方式，将档案信息资源提供给用户利用就是资源服务。过去，档案资源服务主要依赖于用户亲自前往相关档案机构进行阅览，或者由档案机构提供出借服务。在网络信息化时代，提供档案资源服务的主要方式是网络。各层级的档案机构可以创建自己的官方网站，为用户提供档案信息目录的检索服务、浏览档案原文以及在线展览等服务。

(4) 系统设计与管理

系统设计与管理是指对档案管理系统进行设计、实施和维护工作。在实现档案信息化的过程中，系统设计与管理是一项重要且富有特色的内容。档案管理系统本质上是一个计算机系统，主要用于管理档案信息资源。它由硬件基础设施、操作系统和数据库管理系统构成。系统设计与管理的任务包括购置档案信息化所需的计算机服务器和其他基础设施设备，部署网络安全设备如路由器、交换机和防火墙等，开发和维护档案管理软件，确定存储介质和存储方案，确定认证、备份等安全保护技术等。

其中，最主要的任务是开发和维护档案管理软件。如果按照管理对象划分，可以将档案管理系统分为三类。第一，档案辅助管理系统。档案辅助管理系统主要依靠计算机强大的数据处理能力来实现，其主要任务是整理、保管和利用档案信息。该系统的管理对象主要是处于非现行阶段的传统档案以及其数字化版本。第二，电子文件管理系统。该系统的管理对象是电子文件，涵盖了一个电子文件从生成到保存再到销毁的全过程。在电子文件管理系统中，发挥功能的基本工具是元数据。第三，集成档案管理系统。集成档案管理系统是前述系统的整合，在多种载体档案并存的情况下，能够统一管理和利用传统实体档案与电子文件档案。

（三）档案信息化建设的概念

关于档案信息化建设的概念，有许多版本。百度百科解释为：档案信息化建设就是在档案管理活动中全面应用现代信息技术，对档案信息资源进行处置、管理和为社会提供服务，加速实现档案管理现代化的进程。该定义表明，档案信息化建设是一个目标、一种趋势或一种发展方向，就是在现代化的技术条件下，在档案工作中全面应用计算机技术、网络技术等现代技术手段，对档案信息实现收集、整理、存储、开发和利用的一体化管理。

（四）档案信息化建设的意义

1. 构建和谐社会的客观需求

随着改革开放的深入以及社会经济的发展，档案信息化也逐渐涉及社会生活的各个方面，运用档案的人数也在不断增加，利用的领域也在不断扩大。档案信息在化解社会矛盾以及保障人民群众利益的过程中，正在不断发挥着自身的重要作用，是参与和谐社会建设的重要帮手。

2. 促进档案信息的分享与利用

档案管理的目的，不仅仅是保存信息，更重要的是通过对档案信息的利用，发挥其历史文化价值及实用价值，以促进社会的建设、发展与进步。传统的人工档案管理工作方式以纸质为存储信息的媒介，固定存放在一个地方。这种管理方式会占据较大的空间，且容易受到火灾、水灾、虫蛀的威胁，导致档案毁坏。另外，纸质档案的利用、共享是一个很大的难题，对档案信息进行检索、分析和利用费时费力，不能实现快速的、大范围的档案信息共享，档案的价值难以得到充分发挥。然而数据分析、信息共享正是信息化技术的优势所在。通过运用信息化技术，能够快速从大量的档案信息中检索、提取出有利用价值的信息，从而使档案得到更加充分的利用。

3. 实现档案自动化管理

档案信息化建设以信息技术、大数据技术等为依托，可以精准合理地分类档案信息，并将其制作为便于保管和查阅的电子档案，再统一整理至档案官方网络平台，以便于用户检索。同时，推进档案信息化建设还能避免因用户频繁翻阅纸质档案造成资料损坏，从而充分保障档案信息的安全。

4. 紧跟服务社会的必然发展趋势

档案作为社会建设发展过程中极为重要的信息资源，与人们的学习和工作有着密不可分的联系。档案管理部门最主要的职责就是为大众服务。随着时间的推移，信息化技术不断完善，传统档案管理模式已经难以有效地适应当下人们高效、便捷地获取档案信息的需求，也无法实现海量档案信息资源快速共享的目标，档案管理部门也存在管理无序、考核机制不健全等问题。在档案信息化建设发展的环境下，进一步完善档案工作实践的发展途径，构建管理科学、结构合理、服务水平高的档案信息资源管理利用新模式，有利于拓宽档案服务范围，优化档案服务的内容与形式，从而紧跟服务社会的必然发展趋势，让各项档案信息化服务更加满足人们的需求，使其在工作生活中快速获取自身需要的档案信息资源，从而赢得广大用户的认可和支持。

二、医院档案信息化建设

（一）医院档案信息化建设的含义

医院档案信息化建设是指在医院档案管理工作中，通过应用计算机技术、互联网技术，将档案资源数字化，从而方便档案信息资源获取和利用，促进档案信息利用水平不断提高的一种方式。随着技术的发展和进步，档案信息化趋势越来越明显，越来越受到医院重视，很多医院开始在这方面加大资金投入，完善管理规章制度，以提高医院档案管理水平和服务质量。医院档案信息化建设是对传统医院档案管理方式的改进和完善，能促进医院档案管理水平不断提高，方便人们对档案信息资源的获取，促进医院档案管理工作水平不断提高。同时，医院档案信息化建设也顺应医院档案建设趋势，有利于提高工作效率，加快医院档案信息资源的数字化建设进程，实现档案信息资源共享，方便获取资料，促进医院档案服务水平的提高。

（二）医院档案信息化建设的背景

1. 信息时代的大背景

人类社会已经进入 21 世纪。要想有效利用医院档案信息资源高质量地为医院各项工作服务，满足医院乃至社会各方面对医院档案信息的需求，必须运用现代信息技术建立多用户网络化的医院档案管理信息系统。如何根据医院档案的形成规律和特点，建立实用共享的医院档案管理信息系统，是我国各级各类医院档案管理部门目前普遍关注但又尚未解决的问题。

近些年，国家有关部门对档案信息化建设非常重视。2002 年，在国家档案局、中央档案馆下发的《全国档案信息化建设实施纲要》中，提出要加快推进档案信息服务网络化的进程。2006 年，在国家档案局、中央档案馆下发的《档案事业发展“十一五”规划》（档发〔2006〕4 号）中，提出要建设全国性、系统性、分布式、规范化、可共享的档案信息资源库群。2006 年，在中共中央办公厅、国务院办公厅下发的《2006−2020 年国家信息化发展战略》中，提出要加强医疗卫生信息化建设。2009 年，在《中共中央 国务院关于深化医药卫生体制改革的意见》（中发〔2009〕6 号）中，提出要建立实用共享的医药卫生信息系统。2020−2021 年先后发布了新修订的《中华人民共和国档案法》和《“十四五”全国档案事业发展规划》，为档案信息化建设提供了法律依据，对医院档案信息化建设有着重大的政策导向意义。医药卫生档案是国家档案的重要组成部分，医院档案管理部门只有积极适应社会信息化的发展趋势，建立多用户网络化的医院档案管理信息系统，才能使医院档案信息化建设与医院信息化建设同步发展。

2. 医疗机构的自身发展需求

建立多用户网络化的医院档案管理信息系统是医院可持续发展的必然要求。在医院工作中，党群、行政职能部门和临床、医技科室每时每刻都在形成档案和利用档案。由于大型医院除总院外，一般还建有分院，而且大型医院通常是由建筑群组成的，职能部门、临床科室、医技科室分布在不同区域，与医院档案管理部门之间存在着一定的空间距离，这直接影响对档案的利用。因此，在档案利用过程中，如果医院没有网络化的档案管理信息系统，就会给档案的管理和利用带来很大不便。有的医院已经将档案信息化建设纳入医院信息系统的建设中，但是有些医院的档案信息化水平还较低，仍然停留在单用户的医院档案管理信息系统上。

以吉林大学中日联谊医院为例，该院始建于 1949 年，是一所集医疗、教学、科研、预防、保健、康复为一体的大型现代化、全民所有制、非营利性、综合性三级甲等医院。医院占地面积 20.19 万平方米，建筑面积 13.44 万平方米，由总院和 3 个分院组成，其中总院的建筑群由门诊楼、急诊楼、医技楼、内科楼、外科楼、行政楼等组成。医院设有 30 个党群、行政职能部门和 48 个临床、医技科室，在职职工近 1700 人。该院综合档案室拥有 3 万余卷（件）档案，达 1 200 延长米，档案涉及党群、行政、医疗、教学、科研、基建、设备、出版、财会等医院工作的方方面面。近年来，职能部门和临床、医技科室对综合档案信息网络化服务的需求越来越高。面对门类复杂、数量繁多的档案，医院档案管理部门应该如何为全院提供优质、高效、便捷的服务？如何做好与国家正在建设的医药卫生信息系统接轨和共享的准备工作？这不仅是摆在吉林大学中日联谊医院档案管理人员面前的亟待解决的问题，也是我国各级各类医院档案管理部门共同面对的问题。

第二节　医院档案信息化建设的理论基础

一、文件生命周期理论

文件生命周期理论指的是文件存在特定的生命周期，在各时期，文件在存储时间、存储地点和服务对象等方面均存在显著差异。文件生命周期理论对医院档案信息化管理从最初形成、过程管理、信息变更到最终保存的整个过程进行指导，确立了文件属性与管理主体之间的关联关系，也描述了档案信息化管理的动态演变过程。该理论对医院档案信息化管理实现了全貌、全过程的动态管理与控制，确保了档案信息化管理各个环节的高效运作以及不同环节之间的平稳过渡。

文件生命周期理论重点强调，档案信息化管理过程中的档案文件，从开始生成、过程管理到永久保存是一个完整的生命周期；由于档案在信息化管理过程中出现状态变化、每个阶段的主要任务存在差异，将档案信息化管理划分为若干阶段，并对各个阶段的信息化管理特征、主要任务、变化规律、结果形式等进行描述；档案信息化管理的各个阶段的服务对象、服务内容以及内在价值存在对应关系。文件生命周期理论强调了档案信息化管理全过程管理，揭示了各个阶段管理主体与各个要素的内在规律性，为医院档案信息化管理部门或人员的全面理解、过程管控提供了理论基础。

二、档案有机联系理论

数字化档案间的关联能够以内容与结构等元数据为媒介进行表达，档案有机联系理论揭示了档案间存在一定价值的关联，对于人类全方位地掌握人文历史知识将产生深远的意义。对于档案管理信息化，一方面将管理对象分为不同的环节与要素，对不同环节、要素赋予能够表征自身特性的准确描述；另一方面强调不同环节、要素之间的内在规律性，揭示现象与内在的对应关系。档案有机联系理论为帮助医院档案信息化管理人员深刻理解档案信息化管理过程的要素特征、全局关系奠定了基础。

三、文件运动理论

文件运动理论揭示了文件由形成至销毁整个环节的社会规律，更好地展现档案的价值。文件运动可被有效地划分成四个阶段，即制作阶段、现行阶段、暂存阶段和历史阶段，将文件基于时空运动的规律体现出来。文件运动理论以数字化档案、电子文本等为对象，重点描述这些管理要素从形成、变化到消亡的内在规律性。与文件生命周期理论形成互补，但也有区别。文件运动理论重点强调了档案信息化管理过程中档案本身在不同阶段表现的特征与价值，反映了档案运动过程中各阶段的变化规律性；但是文件生命周期理论强调档案信息化各时期改变的规律性，还系统阐述了不同阶段之间的内在规律性。

四、档案价值理论

档案价值理论一方面强调档案本身的价值性，即档案能够对个人、单位的经历与变化进行充分具体的记录，便于后续查阅使用；另一方面强调档案的使用价值，尤其是在进行档案信息化管理的过程中，注重信息化技术与手段在增强档案管理便捷性、档案查阅快捷性以及档案服务人性化等方面的作用[①]。档案价值理论能够为医院在进行档案信息化管理的过程中深度挖掘档案自身价值、档案管理使用价值提供重要的理论支撑。

① 李萬，徐长安．街道办事处档案管理信息化建设工作思考［J］．电脑知识与技术，2019，15（10）：279－280．

第五章 医院档案信息化建设的现状

近年来，我国的医疗事业发展迅速，传统的纸质档案管理方式已经不能适应医院发展的要求，很多医院开始进行档案信息化建设，提高了档案管理效率和医院管理水平，但是也出现了很多问题，阻碍了档案信息化建设的进程。本章围绕医院档案管理面临的机遇与挑战、医院档案信息化建设取得的成效、医院档案信息化建设存在的问题等内容展开研究。

第一节 医院档案管理面临的机遇与挑战

一、医院档案管理面临的机遇

（一）大数据带来的机遇

1. 给医院海量档案信息资源管理带来机遇

传统的医院档案管理方式以卷、件、份等形式进行数据存储，存储量以页和米为单位，这种方式存储的数据量相对较小，并且对数据进行存储和调取的难度较大。而大数据技术的应用可以有效地解决这些问题，为医院海量档案信息资源管理带来机遇。大数据技术可以通过分布式存储和计算技术，处理海量的档案信息资源，使得医院可以更加方便地存储、管理和利用档案。例如，通过大数据技术，医院可以将所有的档案进行分类、整合和标记，实现档案的快速检索和调用。同时，大数据技术还可以对档案进行分析和挖掘，为医院提供更加深入的档案利用和分析服务。此外，大数据技术可以增强医院档案信息的安全性。通过大数据技术可以对档案进行备份和容灾处理，有效防止数据丢失和损坏。

2. 给医院档案管理数据挖掘带来机遇

医院档案管理系统不仅包括一些医疗服务文档，还包括一些医院的结构化数据，这些结构化数据是医院发展过程中各项业务的历史数据，具有一定的分析利用价值。在传统医院档案管理过程中，所有的数据都是以纸质的形式存储的，查询利用档案时难度较大，这也使得档案的利用率不高，没有发挥其信息借鉴的作用。大数据背景下，医院档案管理部门可以借助信息化技术，对这些档案进行全面分析、总结，为不同的用户提供专项的档案。

3. 给档案管理系统自动扩展带来机遇

在传统的医院档案管理过程中，档案数量处于被动增加的状态，档案管理系统的数据处理效率并不高，直接影响档案管理的效率。而随着新技术的发展，如云计算和云存储等，医院档案管理效率得到了提高，为医院档案动态管理提供了可能。通过引入云计算技术，医院档案管理系统可以结合实际档案管理的容量需求，自动扩展所需的档案，从而提高档案管理效率，并有效降低档案管理费用。这种动态扩展的方式不仅可以满足档案的存储需求，还可以确保档案管理系统的稳定性和可靠性。

在云计算技术的支持下，医院档案管理系统可以实现分布式存储和计算，将海量的档案分散存储在多个服务器和存储设备中，以便快速地访问和调用。此外，云计算技术还可以提供强大的数据分析功能，帮助医院对档案进行深度挖掘和利用，进一步提高档案管理的价值。

（二）信息化带来的机遇

1. 实现医院档案的长期保存

档案的保管工作是档案工作的物质基础，只有具备完整的档案，才能有健全的档案工作。医院档案保管工作与档案维护工作息息相关，只有档案被完好无损地保存下来，才可以被迅速、准确地利用。利用数字化设备扫描医院档案，以电子文件的形式进行保存和利用，经过信息化处理的医院档案，可以有效减少损毁和丢失的风险，从而实现档案的长久保存。

除此之外，随着信息系统在档案管理中的应用，医院建立了完善的档案管理信息数据平台，通过使用云端系统，可以使上述电子文件实现云端的轻松保存，节省了查找、保管、整理等工作所需的时间，提高了医院档案管理的效率。

2. 提高医院档案的共享程度

整合后的档案在有效性、共享性和系统性方面均有较大提升，所以经过信息化处理后的电子档案在利用范围上要大于未处理过的档案原件，打破了传统档案管理中档案大多以隐性方式存储在资料获得者脑海中的局限。由此一来，各部门、各科室的工作人员可以在电脑上按照自己的需要对电子档案进行检索，实现按照需要进行存取，大幅度提高档案的使用率，从而提高档案的共享程度。信息技术和档案管理工作的结合，构建了更加靠谱的医疗管理平台，有利于档案管理工作跟上时代发展的步伐。尤其是大数据时代的到来，高效率的资源共享为医院档案的整合和共享提供了无限可能。

3. 实现区域资源的共享与利用

充分利用档案，并实现档案的共享是档案管理的最终目的。现代医院的信息化发展是大势所趋，特别是在当今大数据时代背景下，如何进行有效的数据整理、搜集以及归纳直接决定了医院的市场竞争力。而庞大的数据就是医院的核心竞争力，这些数据不仅仅是医院高层决策的重要依据，同时也是医院自身实力的重要体现。

信息化技术的发展推动了档案管理的自动化发展，实现了档案的自动存储与实时检索，同时也能够实现档案的自动提取。认识到这一点，许多医院都积极加大信息化建设的投入，旨在实现档案的自动化管理。通过投入更多的资金，医院可以引进先进的信息化技术，建立高效的档案管理系统，实现档案的自动化存储、检索、提取和分析。这样不仅可以提高档案管理效率，还可以促进档案的共享和利用。资金投入的增加为档案管理实现区域共享和利用奠定了坚实的基础。通过建立高效的档案管理系统，医院可以将分散的档案进行整合和统一管理，实现档案的全面共享。这样，不同医院之间可以通过共享档案，更好地协作和交流，提高医疗水平和服务质量。此外，随着互联网技术的发展，医院还可以将档案管理系统与互联网相连，实现档案的在线查询和利用。这样，患者和医生可以通过互联网随时随地访问和获取相关的档案，方便快捷地获取医疗服务。

二、医院档案管理面临的挑战

（一）医院对档案管理重视不够

医院档案管理不仅涉及医院建设档案，还涉及人事档案、行政档案、后勤档案、患者的医疗档案、科研档案和其他档案。从实际来看，有些医院在档案管理上存在片面化问题，通常重视医疗档案管理，不注重其他档案的建设，导致医院数据信息统计不够全面。有些医院领导对档案管理的认识不够深刻，未能正确把握档案与医院改革的内在联系，平时不注重收集档案，严重影响了档案的供给。在新档案技术普及、档案管理方式不断创新的当下，还要解决档案管理氛围不浓厚、各方面配合不积极、档案管理工作混乱等问题①。

医院应该重视档案管理工作，并采取有效措施来强化各部门的档案管理意识。这样做不仅可以提高档案管理水平，还可以为医院的运营和发展提供有力支持。

（二）医院档案管理经费有限

医院档案管理工作的开展需要一定的软件和硬件等设备设施的辅助，如档案数字化不仅需要相应的计算机、扫描仪、数据库、信息管理系统等，还需要一定的专业技术人员进行具体操作，这都需要经费支持。

调查发现，部分医院没有设置档案专项经费，并未将医院档案管理纳入医院的重要工作内容之中，导致医院档案管理工作推进十分困难，影响医院档案管理工作的开展和效能的提升。

（三）医院档案管理制度缺失

目前，部分医院在进行档案管理时，对于制度并没有进行调整，仍然沿用原有的制度完成工作。传统制度具有一定的滞后性，如仅针对纸质档案设定了规范，对于各类电子档案并未有明确的规定，使得执行并不能满足当下的需求，在一定程度上制约了未来的发展。

同时，虽然一些医院结合新医改重新制订了管理制度，并且运用到实际中，但都是关于医疗、护理和人事等方面，对档案管理工作缺少约束，并没有完整的工作流程，这一情况会使得档案工作开展得杂乱无章，久而久之便会与现阶段的发展出现脱节，对后续工作造成严重影响②。

（四）医院档案管理安全风险大

大数据时代，医院档案管理部门对于传统的医疗业务档案和科研档案等都转化

① 岳书静．浅谈如何做好医院病人的档案管理[J]．办公室业务，2014（07）：201．

② 安颖．新医改背景下公立医院绩效改革探讨[J]．今日财富，2019（14）：170-171．

为电子档案，有效提升了档案管理工作的效率。然而，依旧有部分医院缺少完善的电子档案安全管理体系，无法对档案进行有效防护，导致出现电子档案泄露、篡改等问题，威胁档案的安全性，将会给患者、医生以及医院等方面造成严重的损失。

（五）医院档案管理手段不合理

目前，我国大部分医院都实行无纸化管理，但纸质档案依然是医院的一种重要资源，具有不可取代的作用。但是，部分医院在纸质档案的保存和管理上有很大的不足。例如，存放环境光线阴暗、潮湿、有害生物较多，致使纸质文件发霉，对档案造成一定程度的损害。

（六）医院档案工作认知有偏差

档案管理不能直接为医院创造经济价值，也不能直接增加其社会价值，因而，部分医院管理者常常注重发展医疗科研项目，对医院的档案管理效果不够重视，减少对档案的管理力度，这将直接影响档案管理人员的工作观念和工作态度。思想认识上的偏差会极大地影响医院的档案管理工作，从而影响医院整体的管理工作。因此，医院相关部门必须认真对待档案工作，纠正对医院档案工作的认知误区，制定行之有效的档案管理制度。

（七）医院档案管理面临的技术挑战

1. 容错率

医院档案不仅数据量较大，而且存储和处理方式比较多元，因此，在医院档案管理的过程中，无法保证所有的设备或软件都处于持续稳定运行的状态。医院档案管理在容错率上的改革重点是有效降低档案管理系统的错误率，使系统出现的容错率保持在可接受的范围内。

降低系统容错率可能会投入大量人力、物力、财力，为了有效降低投入成本，医院档案管理部门一般采取的方法是将整个档案管理系统的任务分配到系统的不同节点，随机选择一个稳定的节点作为观察点，然后对比和观察这个节点的容错率。当节点出现错误时，只需要重新开始计算某个特定的节点即可，这样可以有效降低系统的容错率，但是这并不能完全满足医院档案管理系统降低容错率的需求。

2. 可扩展性

云计算技术在医院档案信息化管理中发挥着重要的作用。通过利用云计算技术，医院可以实现对大量档案的高效存储和运算，同时也能够实现档案资源的共享。这不仅可以提高档案管理的效率和质量，还可以降低医院在硬件设备方面的投入。然而，云计算也存在一定的漏洞和风险。其中一些问题包括以下几点。

计算方式的非独占性：在云计算环境中，多个用户可能会共享相同的计算资源，这可能导致计算结果的不确定性。

可拓展性不强：在某些情况下，云计算的可拓展性可能受到限制，无法满足大规模应用的需求。

增加系统的错误率：由于云计算环境的复杂性和庞大性，可能会出现一些系统错误或故障，需要采取相应的措施来避免或减少这些错误。

（八）医院档案管理基础设施待更新

基础设施是医院实施档案管理的前提，也是提高医院管理质量和效率的重要基础。但是，当前部分医院对档案管理重视度不高，相关系统更新缓慢，基础设施难以满足现代化管理的需求，阻碍了档案管理向信息化迈进。

另外，医院档案极为繁杂，且处于不断累积状态，实施档案管理的信息化设备长时间处于超负荷状态，难以实现信息化建设的更新升级，档案网络化管理成为空谈。

（九）医院复合型档案管理人员短缺

医院档案工作面临新的挑战，相应的对于档案从业者的综合素质也提出了更高的要求。除了要了解档案管理各项制度，熟练办理档案编目、立卷、分类、查询等各项业务，还要具备良好的信息素养，能够运用大数据、互联网等工具进行档案的开发，使医院档案的潜在价值能够得到更好的体现。但是，现阶段医院档案管理队伍中复合型人才较少，与新时期医院档案管理岗位的要求还有一定差距。

另外，为了适应档案信息化、智慧化的发展趋势，医院档案管理部门也需要立足医院特点、业务需要，积极开发档案管理的新模式，因此对于科研型、创新型档案人才的需求较高。目前，部分医院档案工作队伍由于年龄、学历结构失衡，科研创新能力较弱。

（十）医院档案管理理念缺乏创新性

现阶段，部分医院档案管理人员在档案管理的过程中还存在着档案管理理念较为落后的问题，不符合新时代发展的趋势。数字化档案管理与传统的纸质档案管理相比，具有持久性、安全性及便捷性的特点，需要档案管理人员具有较高的技术水平，如此才能更好地对档案库进行更新。但是，在实际发展过程中，部分医院档案管理人员仍然运用传统的管理模式，并且缺乏一定的实操经验，无法充分发挥医院档案管理的作用。

（十一）医院档案管理工作体制机制不健全

目前，部分医院的档案管理工作相关体制机制不健全。医院档案管理工作需要进行统一规划，制定相应的规章制度，建立相应的管理机制。例如，部分医院在收集档案的过程中，没有遵守规章制度和管理制度的规定，很多部门不能及时将重要的档案移交到档案室，造成重要档案泄密、丢失等情况发生。

另外，在档案管理的过程中，健全的规章制度能够对档案管理工作起到促进作用，能够更好地促进医院档案信息化建设。当前，部分医院的档案管理工作体制机制尚需完善，以至于影响了档案管理效能的发挥。只有建立健全医院档案管理工作体制机制，才能更好地开展档案管理工作，提高档案管理的质量和水平。

第二节　医院档案信息化建设取得的成效

一、医院档案信息化建设的背景

随着医院信息化系统的普及，档案管理方式正在发生着深刻的转型。大数据、云共享等技术的快速发展，极大地提高了医院档案管理的效率。这些技术的发展推动了医院档案管理集成化和智能化的发展，使得医护人员可以更加方便地获取患者的档案，提高医疗服务的效率和质量。此外，移动医疗的兴起也使得建立信息化的档案管理机制变得越来越重要。移动医疗技术使得医护人员可以通过移动设备随时随地获取患者的档案，开展诊疗工作。因此，越来越多的国家开始高度重视建立信息化的档案管理机制，积极推动医院档案管理的跨越式发展。

近年来我国医疗系统积极开展档案信息化建设工作，以提高医院档案信息化水平。在完善软硬件设备的基础上，档案室的工作要求得到了提高，其主导地位也得到了明确。通过由档案室主导提高医院档案信息化水平，可以更好地发挥档案的实用价值，为医疗服务提供更全面的档案支持。

具体来说，档案室在医院档案信息化建设中扮演着重要的角色。首先，档案室需要负责制定和实施医院档案信息化规划，明确档案信息化的目标和方向。其次，档案室需要负责建立和完善医院档案信息化管理系统，确保档案信息的采集、存储、管理和利用都能够高效地进行。再次，档案室需要负责对档案信息化工作的监督和指导，及时发现和解决档案信息化中出现的问题。最后，档案室可以通过信息化手段实现档案的共享和交流，推动医院内部各部门之间的协作和合作，提高医院的综合竞争力。

二、医院档案信息化建设的成效

（一）档案载体更多样

随着大数据技术的应用和发展，医院档案管理的载体也发生了相应的变化。除了传统的纸质资料、照片、录音等材料，音频、视频、数据文件等新型载体也逐渐成为主要的档案管理载体。同时，一些医院也开始应用硬盘、云盘等新型数据存储载体来进行档案管理。这些变化不仅提高了档案管理的效率，也使档案的保存和使用更加可靠和安全。然而，新型载体的应用也带来了一些新的挑战和问题。例如，对于音频、视频等非结构化数据的处理和存储需要更加复杂的技术和设备；云端存储的安全性和稳定性也需要得到保障。此外，对于新型存储载体的管理和使用也需要更加规范和标准化的操作流程。

（二）信息检索更便捷

过去一般要利用人工方式对医院档案进行检索，此种方式既导致相关人员工作量较大，又导致检索效率不理想，在一定程度影响医院为患者所提供的服务。而在“互联网＋”背景下，能够结合不同的信息与数据展开系统分析和归类整理，使档案管理工作的时间有效缩短，实现了管理结构的优化，为后续研讨和对比相关病例提供了更具价值的数据参考。

与此同时，医院档案存储中涉及多个方面，关联了医院各项工作的图片、音频、视频、文件等数据信息，档案信息量庞大，而且存储期限较长。而互联网技术的发展为此项工作的高效、快速完成提供了可能。借力于大数据与云计算等技术，可以快速进行分类、整理及存储，这样既节约了时间，又进一步提升了信息搜索和查找的精准度，同时也提升了医院档案管理及诊疗质量。互联网技术是不断朝前发展的，这也将使得医院档案管理数据库中云计算、大数据等技术得到更加频繁的应用，推动档案信息检索的便捷化、智能化。

（三）信息开发智能化

在信息化技术条件下，利用计算机信息技术替代传统人工的管理模式，可以将档案管理人员从烦琐的档案管理中解放出来，让他们有更多的时间和精力投入医院档案信息资源的深度开发和利用中。通过计算机、物联网、互联网技术的辅助，构建以档案信息服务为中心的档案管理模式，可以突破传统档案管理的时空限制，满足不同社会群体的个性化、差异化需求。具体而言，将医院馆藏的各类档案进行数字化录入，借助专门的档案管理软件系统、二维码技术以及射频识别智能管理系统，可以实现档案智能化开发利用。这些技术手段可以使档案管理更加高效、准确和智能化，从而提高医疗工作的质量和效率。同时，为了更好地满足社会群体的需求，医院还可以借助互联网和大数据技术，构建档案信息共享平台，提供在线查询、借阅、归还等服务，方便用户随时随地获取所需的档案。此外，通过数据挖掘和分析技术，可以从海量的档案中挖掘出有价值的信息和知识，为医院的决策提供科学依据和支持。

（四）信息归档更及时

过去在医院档案管理过程中，上架、移交及归档等环节需要耗费大量的人力、物力，而且还需要专门的存储室，增加了医院的资金投入。同时，由于档案数量庞大、种类繁多，收集、检索和归档等工作也十分烦琐，难以做到及时归档和利用。现在，随着计算机技术和信息技术的不断发展，医院档案管理已经得到了很大的改进。通过数据处理技术，医院可以实现档案的自动化收集、检索和归档，大大提高了档案管理的效率和准确性。同时，医院还可以建立基于计算机技术的档案信息管理系统，实现档案信息的数字化存储和共享，方便医生和工作人员随时随地查阅和使用档案。此外，在OA系统的辅助下，各类档案能够得到及时总结与归档，避免了因为归档不及时而丢失重要资料的情况发生。同时，OA系统还可以实现档案的在线传输和共享，方便医院内部各部门之间的协作和合作，提高了医院的综合竞争力。

（五）管理服务更多元

随着大数据和计算机技术的发展，医院档案管理工作得到了很大的改进。这些技术的应用，使得医院档案管理人员能够更加高效地完成档案的收集、整理、存储和利用等工作，为医院各项业务和行政管理工作提供了更加便捷、准确的档案服务。通过大数据分析技术，医院可以更好地了解患者的需求和行为习惯，为患者提供更加个性化和精准的服务。同时，大数据技术也可以用于医院的科研和教学工作，为医生和教师提供更加全面和准确的数据支持。计算机技术的应用，使得医院档案管理人员可以更加高效地完成档案的数字化转换和存储，实现了档案的共享和利用。这不仅可以省去烦琐的手工操作过程，提高档案管理的效率和质量，还可以使得档案得到更加充分、准确的利用，为医院的各项业务和行政管理工作提供更加全面和准确的支持。

（六）存储模式多样化

一是传统的手写式纸质版文档。这种文档种类多、内容丰富，包括病人病例、会议文件、行政命令以及人事等相关内容，这是医院档案的重要组成部分。此外，还可能涉及一些医院订购的相关医学知识等方面的书籍和报刊资料。

二是以录制形式而存储的声像档案。这些资料可以记录重要的医疗办公场所、党政会议、医学专家访谈和医院重要事宜报道等场所的真实情况，具有直观性和真实性的特点。这些资料可以为后续的工作和医学研究提供重要的支撑，帮助医生和研究人员更好地了解医院的运作和管理情况，对于提高医疗质量和安全性具有重要的意义。

三是以网络媒介为载体而存在的网络档案。当前社会网络信息化的高速发展为医院医护工作者记录信息和传递信息提供了便捷、高效的方式。在网络上开具处方、进行药理学知识及重要事宜的报道和宣传等已成为医院医护工作者的重要工作方式。通过网络，医护人员可以快速、准确地记录病人的病情和治疗过程，方便后续的医疗工作。通过网络传递信息，可以大大缩短信息的传递时间，提高信息的传递效率，为病人的治疗和康复提供更好的保障。此外，网络上的宣传和报道也是医院医护工作者的重要工作之一。通过宣传和报道，可以让更多的人了解医院的医疗技术和医疗服务，提高医院的知名度和美誉度。同时，也可以让更多的病人了解疾病的预防和治疗知识，提高公众的健康意识和健康素养。然而，网络信息化的发展也带来了一些挑战和问题。例如，对于网络上的信息，其真实性难以保证，需要医护人员仔细甄别；信息的安全性也存在问题，需要加强网络安全保护。此外，网络上的处方和药品信息也存在误导和虚假的情况，需要医护人员加强监管和管理。

（七）服务利用社会化

医院档案的价值在于其被利用并服务于临床医学诊疗，以及人事、财务、基建等管理中。在传统档案管理模式下，医院档案主要服务于医院特定用户，使档案蒙上一层神秘的面纱，档案的价值未被深度开发和利用。档案信息化，利用现代信息管理手段，不断延伸档案管理触角，使其服务于医院发展、临床诊疗，以及医保报销等，并使档案服务的领域、层次更加多元化、广泛化，使档案服务利用实现了“以人为本”、满足了“不同人的需要和人的不同需要”。

三、医院档案信息化建设的方向

（一）从单轨制向多轨制转型

随着信息技术的快速发展，医院档案管理工作已经发生了很大的变化。传统的医院档案室主要以纸质档案为主，内容较为固定，管理方式比较单一。而现在，医院档案管理具有多轨制特征，档案供给范围更加广，档案形式更具有多样性。除了做好一般的纸质档案，还要有能力处理声像电子档案，同时运用互联网技术扩大档案的收集范围，保证档案管理的全覆盖、精细化和高效化。

为了适应这种变化，医院需要采取多元化的档案管理方式。首先，可以建立基于计算机技术的档案信息管理系统，实现档案信息的数字化存储和共享，方便医生和工作人员随时随地查阅和使用档案。其次，可以基于互联网技术构建安全、可靠、高效的档案共享环境，满足全社会对医院档案的使用需求。在多元化的档案管理方式下，医院需要加强对档案信息的保护和管理，确保档案信息的安全性和保密性。同时，还需要基于多元化的档案管理方式，扩充档案数据库，为进一步实现医院档案的深度挖掘奠定基础。

（二）从静态化向动态化转型

传统的医院档案管理具有静态性，档案管理工作的内容、方法和程序相对固定，一般集中于月末、季度和年度等时间节点，未能与业务工作紧密结合。这种管理方式已经不能适应现代医院管理和发展的需要。而现在，随着信息技术的快速发展，依托信息技术构建科学的档案管理体系已经成为可能。这种新型的档案管理体系可以第一时间收集各类档案，开展档案编研工作，并且能够围绕着医疗体制改革、医疗标准化建设和精细化管理实时提供资料。这样的档案管理方式不仅可以提高档案管理的效率，还可以更好地满足医院各项业务和行政管理的需求。为了实现这一新型的档案管理方式，医院需要加强对档案管理人员的培训和管理，提高其计算机技术和信息技术水平，使其能够熟练掌握和使用各种现代化档案管理设备和软件。同时，医院还需要建立完善的档案管理制度，规范档案管理的流程和标准，确保档案的完整性和准确性。

（三）从局限化向共享化转型

随着计算机、互联网、大数据等技术的发展，医院档案信息的使用已经不再局限于医疗内部机构和医护科研人员，而是向社会广泛开放。公众对档案使用的意识也在不断提高，对医院档案信息的需求也越来越强烈。

因此，医院必须向社会全方面提供档案，满足公众实时利用档案的需求。医院档案信息化建设可以通过构建安全、可靠、高效的档案共享环境，打破时空限制，扩大档案共享的范围，满足全社会对医院档案的使用需求。通过互联网技术，医院可以将档案进行数字化转换，并实现档案的在线传输和共享，方便公众随时随地查阅和使用。同时，医院档案信息化建设还需要加强对档案的保护和管理，确保档案的安全性和保密性。医院应当建立完善的档案管理制度，对档案的收集、整理、存储、利用等环节进行规范化和标准化管理，确保档案的完整性和准确性。

第三节 医院档案信息化建设存在的问题

一、医院档案信息化制度滞后

现有档案管理制度仍沿用纸质档案管理的思维，导致档案管理制度不适用，致使档案管理的程序与方法仍较为传统。一方面，部分医院现有档案管理制度不利于加快信息化改革进程、发挥信息技术的优势，影响了档案室工作的效率。另一方面，具有信息化特征的档案管理制度落实不足，致使档案信息化管理流于形式，给档案信息化建设带来了一定的风险隐患，还可能导致数字化档案被篡改和攻击的风险。

二、医院现存档案数字化任务重

（一）医院原始纸质档案存量巨大

随着我国医疗事业的全面发展，产生了海量的医疗档案，包括医院事务管理档案、病历档案、财务档案、人事档案等。这些档案多以纸质形式存储，采用案卷级管理，积压在档案室内，数量巨大，开展档案数字化的任务非常重。甚至由于档案室保管条件不达标，导致保存时间较久的医院档案成为“档案砖”，白白占用存储资源，无法开展档案数字化加工。

（二）医院纸质档案不规范

受限于早期医院对档案作用的发挥认识不足，档案工作者专业水平不高，以及档案管理指导检查制度不健全，督促检查力度不足等历史因素，部分医疗单位现存的纸质载体档案在形成之初就存在不规范问题。有些档案只注重保管，不考虑未来查档利用，出现档案收集不全，归档章加盖不规范，档号编制不统一、重复、跳码，档案装订、排序、立卷、上架不科学等问题，导致医院早期纸质档案在数字化过程中出现困难。

（三）医院纸质档案鉴定销毁不规范

医院早期纸质档案的鉴定销毁工作普遍存在问题。

1. 保守主义，完全不鉴定、不销毁

主要原因在于不敢承担鉴定销毁责任，或者没有档案鉴定专业团队支撑鉴定销毁工作，导致大量没有保管价值的医院档案抢占存储资源。而有价值的医院档案却因保管不善，后期无法进行数字化加工。

2. 盲目主义，草率开展鉴定销毁工作

在专业指导和专业力量不足，鉴定工作开展不充分的前提下，由于搬迁或者机构改革等客观原因盲目开展销毁工作，导致医院档案永久性丢失，无法开展数字化加工。

三、医院档案信息系统开发不足

如今，医院档案信息化建设主要集中在档案收集、整理和存储方面，而未能从档案信息共享的角度出发，加快转型升级。虽然医院档案数字化能够将档案录入信息系统，并重视档案采集和数据存储工作，但缺乏有效的电子档案实用价值发挥方法。为了解决这个问题，技术人员可以协助医院档案室构建档案信息共享的新机制，提高档案员的数据信息挖掘能力。同时，基于医院改革的需要，可以开展档案编研的项目，实现档案目录的合理划分，以便各方面人员及时查找档案信息，了解档案信息化的建设情况。

四、医院档案信息化建设重视度不足

目前，部分医院在开展档案信息化建设中存在重视程度不高的问题，这主要表现在部分医院高层领导对档案工作的重视程度不高及缺乏管理理念。医院档案管理工作不像患者就诊属于十分紧急的工作，这就给个别高层领导一种观念，不紧急的工作可以往后放一放。高层领导是整个档案工作的主要推动者，医院档案信息化建设的整体推进与高层领导有着直接的关系，只有引起足够的重视，才能在信息化建设的道路上循序渐进，继而早日完成档案信息化建设，实现由保管档案到保管数据的转变。此外，医院档案信息化建设不仅需要医院高层领导的重视，也需要基层档案工作人员转变工作理念，抛弃传统的档案管理观念，高度重视档案信息化建设，敢于创新工作思路，为医院档案信息化建设提供保障。

五、医护人员缺乏档案信息化意识

医疗体系开展档案管理工作信息化目前最主要的问题是医护人员缺乏档案信息化意识。所谓档案信息化意识是指医护人员在具体工作中要能够对信息档案充分应用，能够熟练地从信息化档案中获取相关信息，并将各类信息及时录入档案中。长期以来，医院档案都是以纸质化档案为主，这使得一线医护人员在工作中形成了思维惯性，习惯通过纸质化档案记录各类医疗信息。在实际工作中，甚至有部分医护人员习惯先用电脑完成病历书写，再打印出来进行纸质化档案存储，信息技术在一线的应用十分有限。

医护人员的档案信息化意识并不是短期内可以树立起来的，需要医院长期进行信息化意识的培养。从目前档案管理信息化工作来看，医院档案管理信息化已经成为医院档案管理的主要趋势，所以对于医护人员档案信息化意识的培养成为各个医院必须面对的问题。

六、医院信息化档案的利用率不高

部分医院虽然建立了基本的档案信息管理体系，但信息化档案的利用率不高。造成这种情况的原因主要包括两个方面。

首先，部分医院是以科室为单位建立的医院档案库，不同科室间同一病患的档案信息无法有效同步，导致病患在跨科室诊治时，通常需要耗费大量的精力在两个科室之间调取档案，对医院医疗工作的顺利开展产生了不利影响。

其次，不同地区间的医疗水平存在差距，这导致了医院档案信息化无法有效同步。跨区域就诊的病患的就诊档案信息无法得到有效利用，造成了医疗资源的严重浪费。为了提高医院信息化档案的利用率，建立统一的标准是关键。通过基于统一的标准建立医院内部或同一地区的医疗档案信息库，病患信息可以实时同步，这不仅可以有效提高医疗档案的利用率，还可以有效提高医疗资源的利用率。这对于缩小不同地区的医疗水平差距具有积极意义。

七、医院医疗档案信息共享建设不完善

（一）电子病历共享内容不完整

医疗信息的特点是产生速度快、使用频率低、储存时间长、访问速度快、可靠性要求高。虽然国家有针对性地给出电子病历数据架构与标准规范文件，但是很多医疗机构存储的数据完整性一般，原因普遍是由于患者的唯一标识未建立或者基础的医院信息管理系统不够精细，很多业务数据无法在医院信息管理系统中产生。再加上国家最早开始要求使用电子病历是在 2009 年，从改造升级系统或新建电子病历系统到全面普及使用也就十几年，在这十几年中，数据存储方式、存储量、存储内容的限定都在不断地变化。在很多医院制定了电子病历档案信息共享政策后，患者反映无法看到五年前甚至更早的医疗数据，也有不少患者反映信息的重复性很高。患者的医疗数据连续性、完整性差降低了信息共享的意义。

（二）病患的信息数据无标识

电子病历档案中存储的信息很多，有门诊、住院、手术、检验检查报告、诊断信息、病史、治疗内容等。如果没有一个唯一的身份标识，系统很难将同一个患者的多次就诊信息关联起来。

由于医院的信息系统复杂，不能频繁更换系统，只能在原有基础上进行改造，导致个别机构的患者信息整合难度高。要建立大环境下的电子病历档案信息共享平台，必须有患者的唯一标识。

（三）档案共享内容划分不清

目前，关于医疗档案尚无明确的定义，对于医疗档案共享的范围也没有官方的界定，一些学术研究将医疗档案的内容界定为病历档案，也有一些研究将居民健康档案、电子健康档案、医疗健康档案等同于医疗档案。尽管卫生行政部门发布了《电子病历共享文档规范》，对病历相关信息共享所包含的内容做了明确规定，但是该规范分为五十三部分，涉及的项目内容较多，各医院在执行过程中会存在不同程度的差异，很难完全一致。而且，电子病历仅仅是医疗档案中的一部分内容，患者的基本健康信息、预防保健信息、医学证明信息等档案信息也应列入医疗档案范畴，关于这些信息的共享内容至今没有一个权威的规范作为参考。

（四）档案共享机构范围模糊

医疗档案信息共享涉及同一医疗机构不同科室之间、不同医疗机构之间、医疗机构和卫生行政管理部门之间不同层面的多个主体，其中又会有一定程度的交叉。医疗档案同属于档案管理范畴，从保护个体隐私和档案安全的角度出发，应明确界定和规范医疗档案在不同部门和机构之间所共享信息的范围。

（五）不同信息系统难以对接

我国医院档案信息化建设经过三十多年的不断发展，现已取得重大突破和实质性进展，在提升医疗服务质量和水平方面发挥了重要作用。各医院按照国家相关政策要求，顺应信息化时代的发展，如火如荼地开展信息化建设。但是，各医疗机构都是自行开展信息化业务，各系统之间相对独立、条块分割、相互封闭、难以对接，造成“群雄崛起、各自为战”的局面。患者的医疗档案分散在不同的医疗机构，医疗信息散乱、封闭、脱节，形成“信息烟囱”和“信息孤岛”，没有实现真正的信息共享。目前，部分医院的信息系统各自独立，尚不能直接对接，各医院与省级卫生信息平台的对接还未完全实现。

（六）医疗信息碎片化、不连贯

医疗档案旨在建立个体“从摇篮到坟墓”的全生命周期的医疗健康档案，从而为患者提供更好的疾病诊治和卫生保健服务。患者可以通过身份证、医保卡、就医卡、银联卡及居民健康卡等多种介质挂号，即便是同一个患者在同一家医院使用不同的介质挂号，也会生成不同的医疗档案。由于患者的诊疗信息没有整合在一起，导致医疗信息碎片化、不连贯。分散的医疗档案不能充分反映患者的健康情况，而医生只有在充分了解患者病史、病情的前提下，才能做出准确判断，制订正确的诊疗方案，采取有效的治疗措施。不完整的医疗信息也会影响政府收集、汇总、分析居民整体健康情况和疾病防控相关数据的及时性和准确性。

（七）隐私安全保护意识不足

医疗档案信息共享是一把双刃剑，既能够为患者提供医疗保障和优质服务，也会增加患者隐私泄露的风险。医务人员对登录医疗档案信息系统的个人账号密码管理不严，使用系统后或中途离开时不退出系统；在利用医疗档案信息进行科学研究时，统计包括患者隐私在内的大量信息，都可能造成患者隐私的泄露。此外，信息系统还可能遭到黑客恶意攻击和病毒风险威胁，导致患者的相关信息被非法获取、使用。

八、医院档案信息化管理保障体系不完善

部分医院在开展档案信息化管理工作的过程中，存在重投入轻管理的问题，虽然医院对于档案信息化管理工作投入了资源，但是在后期运行阶段缺乏医院档案信息化管理制度，无法提供制度保障，不利于实现医院档案的数据化。

九、存量纸质档案信息化转换与增量档案信息化采集有待完善

其一，医院存量纸质档案面临信息化转换难度大和利用率低的问题。存量纸质档案的数字化是医院档案信息化工作的重要组成部分。由于大部分纸质档案书写质量不高，难以通过现有的机器设备进行自动识别，如何实现历史档案的数字化是医院信息化建设面临的严峻挑战。

如今，大多数医院的普遍做法是用高速扫描仪将纸质档案直接转换为 PDF 格式进行电子化存储，但由于 PDF 文件无法利用数据库技术进行结构化管理，导致转换生成的电子资料又面临利用率低的难题。

其二，与存量纸质档案的数字化转换相比，增量档案资料的信息化采集代表着医院档案信息化建设的发展方向。当前，我国大部分县级以上医疗机构已经实现了线上挂号、处方的线上开具及线上收费和档案的自动化归集，增量档案资料的信息化水平得到了快速提高。

但同时我们也应看到，由于部分资深专家年龄大，计算机运用能力较差，纸质处方的开具在一些医疗机构依然存在。同时由于部分乡镇等基层医疗卫生机构经费紧张、人员素质水平参差不齐，医院诊疗端的信息化水平存在较大差异，这就为实现医院档案归集和使用的信息化增加了困难。

十、信息管理平台建设与信息安全保护有待健全

其一，医院档案的电子化在一定程度上体现了医院的整体信息化水平，而医

院整体信息化水平的提高必须基于建立集挂号、诊疗、收费和档案归集、访问为一体的医疗信息化综合管理平台。如今，我国部分地区医院面临信息化管理平台功能不完善、软件更新不及时等问题。主要原因在于，一是我国不同地区经济发展条件存在较大差异，经济相对落后地区的医院无力承担信息化管理平台的建设和维护费用；二是医院领导层通常对提升诊疗端的信息化水平兴趣更大，而对推动医院档案资料的信息化建设重视不足。

其二，在互联网时代，信息安全保护是所有单位和个人都必须面对的严峻挑战。对于医院领导层而言，由于医院档案信息内容涉及大量患者隐私，因此提高对医院档案信息安全保护的重视程度尤为重要。

当前，我国医院档案信息化管理中存在的主要问题如下：一是部分医院尚未建立完善的档案信息访问分级控制制度，内部控制不完善，导致医院档案信息存在泄露风险；二是医院档案信息在通过互联网进行传输的过程中，容易被网络黑客利用电脑病毒非法获取。

第六章 医院档案信息化建设的原则、过程和策略

随着计算机网络技术的发展和广泛应用，信息化逐渐成为各行各业的一种发展趋势。尤其在医院的档案管理中，信息化有利于提高管理效率、节约管理成本，同时避免传统档案管理无法实现远程查询和调阅的缺陷，对提升医院综合管理水平具有重要意义。各行各业面临激烈的竞争，医院的竞争除了包括医疗设备、医务人员等方面的竞争，还有效率的竞争。档案管理信息化不仅仅是国家对医疗机构的要求，也是医院降低管理成本、提高管理效率和水平、增强核心竞争力的重要方向。本章围绕医院档案信息化建设的原则、医院档案信息化建设的过程和策略等内容展开研究。

第一节 医院档案信息化建设的原则

一、整序开发原则

在医院档案管理中，应该坚持整序开发原则。这一原则指的是档案管理部门应该使用多种方法，对医护人员的经历、绩效等资料进行收集，然后将这些资料更新到人事档案数据库中，使其变为有价值的档案。档案管理工作要坚持整序开发原则，设置终身制的人才管理模式，充分开发和利用人力资源。

二、前瞻性与规范性原则

医院档案信息化建设，离不开相应的软件、硬件设备，需要投入大量的人、财、物，在存储格式选择、存储载体运用、编码构成等方面要适当超前，具有一定前瞻性，以适应信息技术的发展。与此同时，也要兼顾规范性，即医院档案信

息化建设，无论是背景元数据还是过程元数据，以及档案管理收集、整理、鉴定、检索、销毁等流程均应满足医院档案规范管理的需要，遵循档案信息化相关法律、法规和技术标准等。规范性是档案信息化的重要原则，直接影响档案信息化后期的检索和利用质量。

三、系统性原则

在进行医院档案信息化建设时，要坚持系统性原则，主要表现在以下三个方面：第一，医院办公网络是整个医院档案信息化建设过程中比较重要的基础平台，因此要确保其工作状态的稳定；第二，档案网络属于医院档案信息化建设中不可或缺的子系统，因此要具备一定的延展性、兼容性，便于后续的系统升级工作；第三，医院档案信息化具有一定的随机性，有些数据被定期销毁，有些会被累计存储到业务数据库中，有些会被存储到临时载体上，因此需要构建系统性的管理规则，避免造成无法挽回的损失。

四、文档一体化原则

文档一体化是档案信息化建设的先决条件，医院档案信息化建设也不例外。医院档案信息化建设是医院单位信息化的重要组成部分。要想做好医院档案信息化建设，就必须把医院档案信息化与医院单位信息化相结合，协调发展。具体做到文档实体生成、文档管理、文档信息利用以及文档规范的一体化。文档一体化原则，是医院档案信息化建设在当今办公自动化背景下必须遵循的原则，是医院档案信息化建设的保障。各医院在组织实施本单位的档案信息化建设时，要本着文档一体化原则，将医院档案信息化建设纳入其中，做到医院档案管理工作与医院档案信息化建设同步发展。同时，医院档案部门也要积极参与到本单位档案信息化建设中去，根据实际对医院档案信息化建设的规划与实施提出档案管理方面的要求和建议。

五、归档双轨制原则

根据当前我国档案事业发展的实际可以看出，在今后相当长一段时期内，纸质文件还将与电子文件长期共存。所以，医院档案信息化建设要遵循归档双轨制原则，实行电子文件和纸质文件的双轨制归档。

六、安全性原则

在医院档案信息化发展过程中，必须高度重视档案的安全性原则。由于档案具有自身的独特性，保存文献资料的原真性和安全性对于档案信息化工作的开展极为重要。要想保证档案界文献资料的原真性和安全性，必须高度重视档案原件的安全。这就要求医院的工作人员必须格外注重对档案原件的保护，避免工作过程中因为工作不当对档案原件造成损害而导致不可挽回的损失。

从本质上来说，档案信息化革新的是档案的储存形式，将传统的纸质档案转变为更加便捷的电子档案，而档案本身包含的内容并不受到影响。医院在实现档案数字化的过程中必须高度重视档案内容的真实性，经过数字化程序之后的复印件必须与原来的文件在内容上保持高度的一致性。

换句话说，每个工作人员在对档案进行数字化的过程中都必须严格遵循忠于原文的原则。在对档案进行必需的文件处理以及技术处理的过程中，工作人员必须保持高度的严谨性，避免因为粗心而造成的信息失真现象。此外，由于某些档案具有一定的特殊性，对开放程度具有一定的要求，工作人员在原则上不应该对其进行数字化处理。对于必须进行数字化处理的特殊档案，工作人员必须高度重视档案的保密性，采取保护措施。

七、规范性原则

档案数字化的重要目的就是医院能够有效利用计算机等高新技术，大范围地提供档案。考虑到档案资源的安全性，工作人员在工作过程中必须采取医院各科室都认可的规范和准则，以免在工作过程中发生信息泄露等情况。医院在建设档案数字化的过程中必须充分考虑到各种软件的特性以及经过数字化之后的档案能否被识别，能否得到各大网络平台的支持；被用来储存档案的软件是否能够轻易得到；在转换档案内包含的音频、视频等信息时转化标准是否与国家标准保持一致；档案数字化过程中的元数据是否能够达到国际标准；在今后的档案数字化过程中所采用的软件、硬件等能否保障档案的安全性。

医院要想真正取得档案数字化的成果，从根本上实现档案资源的高效传输，必须达到国家统一的标准，避免文件储存格式和网络平台的差异而导致的档案资源的无端消耗。同时，医院严格遵循统一的规范标准也有利于医院设计档案数字化技术方案，从而促进医院档案管理的长期发展。如果医院缺乏对统一标准的认识，不仅不会促进档案信息化建设，反而会成为阻碍档案信息化建设的因素。

八、高效性原则

由于医院本身的档案资源极为丰富，这也就导致了档案数字化的工作量较大，会对人力资源以及财产资源造成一定的损耗，因此工作人员在工作过程中必须高度重视自身的工作效率。在进行档案数字化工作之前，工作人员应该先充分研究档案数字化的最佳方案，其中包含如何根据档案资源设计工作流程、运用科学合理的数字化信息储存方式以及提前想好工作过程中会采用的设备等。如果其中的工作环节发生了差错，对于整个档案数字化进程而言将是致命的打击，不仅会对医院的人力、物力、财力造成一定影响，还会降低工作效率。

在建设档案数字化的过程中所遵循的高效性原则，要求医院工作人员必须在工作过程中高度重视档案数字化工作的统一性以及工作的协调性。通过利用互联网，社会可以在一个超越时空的虚拟环境中利用网络为用户提供档案，互联网打破了时间和空间的限制。在网络环境下，以往的档案储存方式变得相对繁杂，互联网有效避免了档案的重复数字化以及档案的无端消耗，保证了档案信息系统的完整性以及高效性。

九、真实、完整的原则

所谓真实指的是电子档案必须绝对真实，不可出现管理人员或其他相关人员随意篡改的情况，以免影响档案的真实性。完整则指的是档案在文件数量、背景信息、数据资料等各个方面都需涵盖全部的信息，不可出现丢失、受损等情况。医院在电子档案建设与管理过程中要遵循真实、完整的原则，在各个科室建立档案资料室，完善各个科室的电子档案管理信息系统，加强对档案管理各个流程的监督，做到反复核对，避免发生档案不真实、不完整的情况。

第二节　医院档案信息化建设的过程和策略

一、医院档案信息化建设的过程

近年来，随着计算机网络技术的普及，医院档案管理信息化的相关研究已经成为一个热门话题。医院档案管理的信息化有利于医院节约管理成本、避免传统档案管理模式带来的一系列问题、节约查询时间并提升档案管理效率，对提高医院综合管理水平具有重要意义。一般而言，医院档案管理信息系统的建设包括以下过程。

（一）需求定位

医院档案管理信息系统开发的第一步需要了解自身的基本需求。医院档案管理信息系统的用户主要有三类：一是医院员工管理部门、二是医院的客户（包括患者和其他有业务联系的人员）、三是医院的设备设施等资产管理部门。因此，在需求分析中要深入各个部门调查，了解他们的真实需求。为了科学地分析，首先，可以成立需求调查小组，对上述各个部门的核心人员进行访谈并做好记录。在对核心人员访谈的基础上，调查小组需要摸清当前档案管理工作中存在的问题，并梳理相关档案查询、修改以及调阅等流程。在该过程中要善于发现其中的问题，如流程烦琐、安全漏洞等，并提出流程改善建议。同时，了解各部门对于档案调阅、查询、录入等功能上的需求。其次，根据上述需求统计，制订主要方案，主要涉及用户查询系统方案、用户界面的系统方案、文档模块分类以及系统功能分类等。最后，在以上基础上针对需求制订系统主要的功能和模块方案，同时，将该方案汇报给各部门核心人员，并收集改善意见，并进一步修改。在此基础上，形成医院档案管理信息系统需求报告。

（二）功能模块设计

在调查访谈的基础上，需要根据需求报告设计系统的各个功能模块，这也是医院档案管理信息系统开发的关键。尤其是一些大型公立医院，其职工档案、培训档案、来往合同档案等数量庞大、类型复杂，给医院档案管理带来了巨大的难题。此外，大多数医院的各个职能部门分布在不同区域，一些部门距离档案室很远，也会大大降低档案查阅的效率。因此，在档案利用的过程中，如果医院没有网络化的档案管理信息系统，就会给档案的管理带来很大不便。功能模块设计应该解决这些难题，这是判断一个信息系统是否能够发挥作用的重要标准。

当前国内档案管理信息系统一般包括资料查询、录入、打印等模块，功能大多很简单。完整的档案管理信息系统除上述功能外，还应包括新进人员招聘、培训、绩效考核、数据分析等。

因此，医院的档案管理信息系统中除了有医务人员档案，还应该有医疗档案、培训管理、设备管理、教学管理以及基建管理等模块。在功能模块设计上，既需要整合庞大的数据库，又需要对各个数据类型加以划分，以便于使用者对数据的调阅。同时还需要以大数据为基础，实现个人档案账户的建立、数据查询与交换等功能。

（三）系统开发

一般档案管理信息系统的开发核心包括平台选择、技术结构选择、编程语言选择和数据库选择四个方面。

1．平台选择

目前国内一些优秀的档案管理信息系统基本都是由大企业开发或定制的，很少有针对医院开发的档案管理信息系统，如果从外部购买则需要高额的投入，还不能确保其满足现实需求。当前很多学者认为，在现有 OA 平台基础上自主开发的医院档案管理信息系统更有针对性、更容易维护，而且成本更低。同时，选择 OA 平台，其网页化的操作界面更符合当前的主流习惯。

2．技术结构选择

当前医院档案管理信息系统选择了 B/S 结构，即基于 Web 浏览器脚本开发的网络结构模式。在 B/S 结构中，用户只需要安装浏览器软件和 My SQL 数据库，就可以实现用户与数据库的数据交互，使用和维护也十分方便。其最大的优点是无需专门安装和维护客户端软件，任何办公电脑都可以直接连接。同时，

B/S 结构下一些程序还可以在客户端完成编辑，极大地降低了服务器的负荷，并促进了客户端与服务器的交互，数据更新效率也得到了提高。

3. 编程语言选择

基于医院软件开发人员的实际情况，PHP 网页编程语言适用于 Web 开发，是一种嵌入式 HTML 脚本语言。其语法结构结合了 Java 以及 C 语言的一些特征，其主要优势在于能够迅速地执行动态网页，同时学习起来也相对容易。当前 PHP 语言使用广泛，它将程序嵌入 HTML 脚本中，还能够运行编译后的代码并优化代码的运行。因此，采用 PHP 网页编程语言具有免费、高效率、操作简单等优点，是当前医院档案管理信息系统的最佳选择之一。

4. 数据库选择

由于具有使用便捷、维护成本低等优点，通常情况下，中小型网站倾向于选择 My SQL 数据库管理系统。My SQL 数据库管理系统将关联数据储存在不同模块中，如此，提高了数据的调用速度。由于其良好的数据处理性能，在 PHP 网页编程语言的配合下，可为医院档案管理信息系统提供很好的开发环境。同时，采用 My SQL 数据库管理系统能够很好地支持大型数据库，可以很方便地支持查看超过千万条记录的数据并有极强的查询功能，这正好能够解决医院档案管理中数据复杂、数据类型多样的难题。

（四）系统测试

在开发完成的基础上，需要进行系统测试，主要测试相关的功能模块是否有效。此外，邀请各个部门领导以及其他医院档案管理信息系统的专家进行试用评分，提出优化的建议。在此基础上，进一步对现有系统进行优化和完善，最终实现上线运行。

（五）系统评价

在成功开发医院档案管理信息系统后，系统设计负责人还应该组织专家小组对已有成果进行效果评估。与需求定位的步骤相似，首先对使用档案的主要部门负责人进行访谈，收集相关意见和改善建议。其次针对主要客户所提出的意见进行总结，以此作为本课题的效果总结。针对改善建议，要进行可行性评估，展开下一步的模块设计、流程优化等工作。最后，形成医院档案管理信息系统开发的总结报告。要意识到，没有最优的档案管理信息系统，只有更优的档案管理信息系统。在后续的维护工作中，开发人员应该持续收集反馈的意见（在功能模块中可以留言），在工作中做到持续改善，以提升医院档案管理信息系统的运行效果，提高医院的综合管理水平。

二、医院档案信息化建设的策略

采用传统的档案管理方法，总体上存在工作效率较低、人工查询速度较慢等问题。另外，传统的纸质文献由于保存时间较长，容易受潮变质。文件在长期的传播和搜索过程中经常出现磨损。然而，通过采用信息化存档的方法，可以有效提高工作效率，档案管理人员不需要做大量的手工工作，他们通过利用先进的计算机技术和大数据、云计算平台可以更快地收集档案。使用计算机检索所需的档案，找到的信息相对更快和更准确，还能满足不同用户的个性化使用需求。这大大地降低档案管理人员的工作强度，使查找更快捷、更方便。

随着信息时代的到来，档案管理也在不断演变，以适应时代的变化。传统的档案管理方法已不适应信息时代的要求，为了更好地展示其重要性，提高其利用率，医院档案管理需要信息化、创新化、现代化①。因此，加强医院的档案信息化建设是医院档案管理的重要基础，可以从以下几个方面入手。

（一）加强宣传引导，提高社会认知

实现医疗档案信息化不仅需要政府的主导推进、医疗卫生机构的积极实施，更需要人们的大力支持。由于医疗档案电子化是随着信息化在医疗领域的广泛应用应运而生的新兴医疗模式的载体，人们需要一个接受和适应的过程。尤其是对于年纪较大的患者，不熟悉电子化操作，更习惯使用“看得见、摸得着”的纸质病历和报告。

此外，医疗档案还涉及个人的基本信息和隐私信息，人们担心医疗档案信息一旦共享会造成信息泄露和隐私暴露，不愿意将自己的个人信息公开，影响了医疗档案内容的完整性和共享程度。人们对于医疗档案信息共享的认识较浅，没有意识到医疗档案信息共享给个人健康带来的好处，影响了医疗档案信息共

① 侯莉．旅游档案的特点与有效开发利用分析［J］．兰台内外，2022（08）：76－78．

享的广度和深度。

因此，要在建立医疗档案、推进医疗档案信息共享的过程中，通过医疗机构官方网站及公众号、电视媒体、移动媒体等多种渠道对医疗档案信息的价值和意义进行宣传，并对医疗档案信息安全保护措施进行介绍，让人们充分认识到医疗档案信息化所带来的益处，提高人们的健康意识，消除原有顾虑和担忧，从而推进医疗档案信息化更好、更快、更广地开展。

（二）构建档案信息化建设标准规范体系

档案信息化建设必须建立在统一的数据格式、统一的技术标准、统一的软件程序、统一的工作流程上，才能形成各地同时共享档案信息资源的现象。所以，伴随不断提高的信息化水平和档案信息化建设的推进，各级档案部门应通力合作，贯彻现有标准规范、制定特色标准规范及做好监督指导工作，早日实现档案信息资源的共享，为社会公众提供优质高效的档案服务。这就要求档案信息化建设必须贯彻标准化先行的原则。

1. 贯彻现有的档案信息化建设标准规范

贯彻现有档案信息化建设标准规范是档案信息化建设十分重要的环节。目前，国家相继出台了一部分档案信息化方面的标准规范，就其内容而言，对满足医院档案信息化工作的实际需要具有很强的针对性、适应性和操作性。医院档案部门应提高认识，明确要求，组织相关工作人员加强学习，严格按照国家档案局制定发布的各项标准开展档案数字化、电子档案归档、数据库建设等工作，确保电子档案信息格式统一、规范，长期可读，便于共享，提高档案信息化建设的标准化、科学化水平。

2. 制定特色的档案信息化建设标准规范

医院档案部门应依据国家信息化建设的有关规范和档案行业标准，研究制定全院统一的档案信息化建设标准规范，尤其是完善档案管理流程，细化信息化工作环节与步骤，实现档案的规范化、标准化管理，保证各科室产生的有保存价值的电子档案真实、完整、安全、可利用，把档案信息资源开发利用工作推向科学化、规范化轨道。

3. 加强监督指导，给予政策和资金倾斜

医院档案部门应加大对各科室在进行档案信息化建设时的监督力度，并耐心指导，提出行之有效的方案。医院要严格按照相关标准规范，明确各科室电子档案处理程序和相关部门及人员的岗位职责，做到专项工作专人负责，加强对各单位档案信息化建设的领导，进一步完善监督机制和保障手段，促进档案信息化标准规范的有效贯彻。

对医疗档案信息共享开展较好的医院，在医院信息化建设投入、大型医疗设备购置审批等方面给予一定政策和资金倾斜；对于没有按照要求实现医疗档案信息共享的医院进行通报，并酌情减少对其下一年度的财政预算支持。根据医疗档案使用主体的职权范围进行权限分配和调整，确保只有经过授权的用户才能获取权限范围内的医疗档案信息，并进行实时监管。对医疗档案信息、医疗档案数据库、医疗档案信息系统和医疗档案信息平台进行安全等级保护，确保医疗档案信息安全。

（三）完善医疗档案信息化建设

1. 建立全生命周期的医疗档案

现代社会，人们更加关注自身的健康情况，对医疗卫生服务水平和质量的要求也进一步提高。医疗档案是个体健康信息和诊疗信息的载体，能够充分反映患者不同时期的健康状况，是医务人员对患者进行健康评估和诊断治疗的重要参考依据。目前，医疗信息碎片化严重，同一患者在不同医院就医期间的医疗档案分别存放在各医院内部，同一患者在同一家医院使用不同介质（如居民二代身份证、医保卡、就医卡、银联卡、居民健康卡等）挂号形成的医疗档案也是各自独立的，没有整合到一起。分散的医疗档案不能充分发挥医疗档案的作用，也不利于国家对大数据的收集分析，因此建立全生命周期的医疗档案势在必行。档案内容不仅包括患者在医院就诊期间的病历记录，也涵盖医疗卫生、计划生育、疾病预防、个人保健等卫生服务相关记录。要将个体整个生命过程中的健康和疾病状况、有针对性的医疗卫生服务以及所记录的信息整合起来，建立个体全生命周期的医疗档案，实现个体终身就医信息的连贯性与完整性。

目前，国家大力推进建立居民健康档案，很多医院积极推广居民健康卡，并已建成省级卫生计生综合信息平台。可以充分利用现有的省级数据库和平台，将居民健康卡的相关信息纳入医疗档案，在此基础上再进行医疗档案信息系统的建设和完善，避免重复建设造成的资源浪费。将居民身份证号码作为医疗档案唯一编码，无论是门诊挂号、住院登记，还是日常预防接种、健康体检，只要是与医疗卫生服务活动相关的信息，均统一使用身份证，同时可与居民社会保障卡等进行关联。这样既避免了患者重复办理多张医疗卡以及保存保管医疗卡的麻烦，又能够在人口流动频繁、流动量大的情况下及时、准确地统计出特定地区、特定群体的健康情况，便于进行大数据分析。

2. 对医疗档案分类、分库管理

医疗档案涉及的个人健康信息纷繁复杂，信息存在多样性，为了提高信息存储与调用的效率，应对信息实行分类、分库管理。医疗档案包括个人基本信息、基本健康信息、妇幼保健信息、疾病管理信息、疾病防治信息、医疗服务信息、医学证明信息、档案基本信息，可以将医疗档案整体分为个人基本信息和卫生服务信息两大类。根据医疗档案涉及的相关卫生服务机构对档案进行分库，可以分为个人基本信息库、预防保健信息库、疾病防控信息库、慢性病管理信息库、健康体检信息库、疾病治疗信息库。医疗档案信息可以依托医院现有的三大数据库（全员人口信息数据库、电子健康档案数据库和电子病历数据库），在此基础上再细分为上述六个数据库。各个数据库纵向联通区域内卫生服务机构，横向联通公安、人力资源和社会保障等部门，向上联通省级信息平台。

3. 建立个人医疗档案查询平台

医疗机构应打破以往观念，在国家法律规定的范围内，向患者开放其医疗档案信息，允许患者通过医疗档案查询平台查询自己的诊疗信息和健康检查信息，增强个人保健和健康管理能力。政府要制定配套的法律法规，对可通过个人医疗档案查询平台公开的相关信息进行明确，并加强安全管理，通过身份证、指纹识别、专属密钥等身份验证方式，确保只有查询者本人或者其授权人能够查询其自身的医疗档案信息。同时，查询者本人可通过医疗档案查询平台对其自身医疗档案开放信息进行设定和修改。

（四）科学规划，协同发展

1. 积极交流，顺应科技潮流

医院档案信息化建设是依托于科技的发展而发展的，各科室应对如何做好信息建设工作进行积极思考，对现有资源做到充分掌握。在未来的工作中，引进新设备，不断提高信息化建设程度，以适应业务量的增长和环境需求的变化；积极与各高校、高新企业交流，了解理论、技术前沿，保持信息化建设的活力，顺应科学技术发展的潮流。

2. 定期培训，提高人员素质

实现管理的高效化、规范化要靠人才，实现技术的创新也要靠人才。推动医院档案信息化建设，根本在于提高医院档案工作人员的素质。随着信息化水平的提高，相关工作的自动化水平提高，要求工作人员提高能力和素质。因此，要定期进行培训。

首先，要对培养专业人才的工作予以足够的重视，全面提升工作人员的能力和素质。在进行医院档案信息化建设的过程中会面临新问题，因此要求工作人员具有更高的综合能力和学习能力。医院档案信息化建设所取得的效果与其知识能力等方面存在密切的联系，需要定期对工作人员进行业务培训，培训内容应以如何解决工作期间遇到的问题和新的知识技术等为主，促使医院档案信息化的需求得到充分满足。

其次，增强工作人员的安全责任意识。对于医院档案来说，不管是纸质档案还是电子档案其安全性都应排在首位。只是电子档案一旦发生安全问题涉及的危害性、范围性更大而已，更加需要定期对工作人员进行思想教育，使其保持底线不动摇。

（五）加强医疗档案信息共享安全保护

信息安全，是指保证信息的完整性、可用性、保密性、可靠性和可控性。网络信息安全在当今社会备受关注，已经上升到国家安全的战略高度。各医疗机构要充分认识到医疗档案信息安全的重要性和必要性，切实解决只重视信息系统和信息平台的建设而忽视信息安全管理等突出问题，认真评估安全风险等级、排查隐患、加大投入、健全制度，做好网络信息安全保护工作和重要信息系统在公安机关的登记备案，加强系统安全和个人隐私保护。在未经过安全审查、缺乏有效安全保护的前提下，对于与个人隐私及特殊业务相关的信息系统严禁直接连接互联网。社会进步与经济发展离不开信息化的创新与推动，医疗档案的信息化建设对提高医疗卫生计生服务和管理水平发挥了重要作用。然而，电子化医疗档案在进行网络共享的过程中存在很大的安全隐患。医疗档案是记载患者诊疗经过的特殊医疗文书，具有医学价值和法律效力，也是医疗教学和科学研究的基础性材料，为政府和卫生行政部门提供决策依据。医疗档案如果遭到篡改、损坏，或者档案信息被非法使用，后果非常严重。因此，应大力保护医疗档案信息安全。

1. 从技术角度加强医疗档案信息共享安全保护

（1）物理安全

加强对计算机网络设施及相关数据存储介质的安全保护，加强防火、防水、防盗、防雷等防护工作，避免其受到各类自然灾害以及人为操作失误或错误造成的破坏。

（2）网络安全

根据系统的安全策略，通过防火墙、病毒防护、入侵检测等技术，对出入网络的信息流进行控制，对网络存取和访问进行监控审计，对计算机病毒进行检测与清除，保证数据存储、传输和交换过程中的保密性、完整性和可用性。

（3）访问安全

对医疗档案信息使用和共享范围进行严格的界定，设定不同主体的访问权限，通过密码和密钥双重认证，确保只有经过授权的用户才能获取权限范围内的医疗档案信息，保证信息安全。

（4）数据安全

应用现代密码算法对数据进行加密，实现安全保护，确保其真实、完整。对于与个人隐私相关的信息要进行严格加密，除涉及公共安全和个人生命安全的情况，不得获取此类信息。通过对数据进行本地或异地备份等手段，防止因误操作、系统故障或地震、火灾等因素而导致数据毁坏、丢失，确保数据安全。

（5）应用安全

以密码技术为基础，建立安全的应用平台，防止各类造成数据破坏的行为。通过加密、解密、电子密钥、数字签名等手段，有效避免信息泄露等安全事故。

（6）应急安全

提前做好医疗档案信息安全预案，防患于未然，在信息遭到破坏时能够及时做出反应，进行有效应对，将损失减少到最低。

（7）人员安全

对相关人员进行安全培训，让其了解到医疗档案信息安全的特殊性和重要性，以及信息泄露的严重性和危害性，增强医疗档案使用者的信息安全保护意识，提高其对信息安全保护的重视程度。

2. 从政策法规层面加强医疗档案信息共享安全保护

（1）加大信息保护资金投入

信息安全是信息化能够开展和运行的保障，在加大对信息系统及平台投入的同时，也应加大对信息保护方面软件、硬件以及人员的投入，保证医疗档案信息安全。

（2）制定地方政策法规

应在遵守国家关于信息保护的政策法规的前提下，结合本地区实际情况，根据工作需要，制定本地区关于医疗档案信息共享安全保护的地方性政策法规，填补现有制度的空白，解决现有政策法规缺乏针对性和可操作性等问题。

（六）增强医疗机构电子病历档案信息共享的驱动力

增强医院内部对建设电子病历档案信息共享的驱动力，这是需要医院领导重视的问题。为了增强医疗机构信息共享的驱动力，现给出以下四个方面的建议。

第一，各医疗机构先对自身的信息系统进行可共享化评估，结合实际的资金、人力等情况进行内部信息共享。

第二，医院可以直接与卫生管理的相关部门实现信息共享，通过这样的措施来让医院与卫生管理部门有更好的联系，也便于信息的集中共享与管理。

第三，医院与患者之间共享信息，使患者对自身的问题有更加全面的认识。

第四，医院的电子病历系统需要与当地的医保系统共享病历，通过与医保部门共享，让信息更加方便地传输。

（七）重视信息技术人才培养

信息技术人才是保障医疗档案信息化建设的基础，要实现医院档案信息化建设的稳步发展，不能单纯依靠软件供应商，医院自身应配备专业技术团队。

1. 重视人才队伍建设

以往，医疗机构从事信息技术的工作人员，大都是医学院校毕业，对医疗机构的运行管理比较了解，但是不具有计算机专业背景，对计算机相关知识和技能的掌握有限，制约了医疗档案信息共享等医院档案信息化建设的开展。医疗信息又相对复杂，要求技术人员既要精通计算机专知识，又要具备一定的医疗管理和医学统计等多学科知识。医院要充分重视对信息专业技术人员的引进和培养，从不同层次推进人才队伍建设。要积极引进掌握一定计算机专业知识和医学知识，熟悉医院信息系统，能够从全局规划、把握医院信息化建设的高级信息技术人才，并从薪资待遇、晋升发展上对引进人才给予一定的倾斜照顾，从而吸引、留住高级技术管理人才。同时充分利用现有的人力资源，根据工作需要对本单位从事信息技术工作的人员进行有针对性的系统的培训，弥补现有知识不足，不断提高其业务水平，推进人才队伍建设。对于医疗信息系统软硬件的日常维护、维修等非核心工作，可以外包给第三方软件公司，降低医院的人力成本支出。

2. 增设相关专业学科

目前，我国高校针对医疗领域的信息技术专业课程开设较少，虽然有些医学院校设置了医学信息学课程，但多数是把医学知识和计算机信息知识简单、机械地结合在一起，专业性不够，针对性不强。在课程设置及教材选取上缺乏统一标准，培养目标缺乏针对性；相关教材少，且内容时效性滞后，不能满足当前需求。高校及科研机构应根据医疗行业的需要增设医学信息技术管理专业，专业设置以计算机信息技术为主，同时涵盖医学、管理学、统计学等多个学科，实现多学科交叉和优势互补，着力培养精通医疗领域信息技术的综合型人才，为实现医疗档案信息共享，持续、深入推进医疗领域信息化建设做好充分准备，提供人才智力支持。

（八）加强信息共享平台建设

1. 扩大医院共享病历的范围

病历是医疗档案中最为重要的部分，为了扩大医院共享病历的范围，必须建设有自身特色的信息共享平台。

第一，建设面向医疗业务的信息系统。首先需要建立健全实名制的医疗档案信息整合体系，建设唯一标识的档案数据库；其次面对多样化的生产条件，需要配备合适的数字化医疗设备，更加高效地利用计算机网络平台和基本的信息系统。

第二，建立市级统一的信息平台。市区县级的医疗机构需要整合现有的信息系统，形成以电子病历系统为核心的数据中心。采用标准化、结构化的方式存储数据的同时保留对外接口，从而方便管理和扩建。再按同样的标准由医院采用一对一或一对多的形式与其他医疗机构建立共享平台，这样可以扩大电子病历的共享范围。当然，医疗信息集成数据的采集亦需要在相应的医院中提取，并且通过医院内部的 XML 语言来进行翻译和完成信息的转换，最后形成一个完成的电子病历基本数据集的平台。

第三，提高医疗方面的核心数据的准确度。就目前的信息质量反馈来看，部分医疗信息质量较差，暴露出很多问题，如病历的档案中出现了复制错误、有些有时间要求的检查未能按时间有效完成、病历的资料不完整或者是病历的书写不够规范等，以上问题都会导致医疗档案的质量问题。所以为了保证医疗信息的完整性，必须根据《电子病历基本规范（试行）》中所规定的内容与电子病历数据库中的信息进行匹配。此外，在进行医疗档案的访问控制时，电子病历系统也会对访问者的身份进行筛选，一旦发现问题，系统会自动进行甄别。

第四，在使用电子病历时要对时效性进行控制，若系统提示已经到时间但是没有完成，应该及时进行补充。

2. 统一信息共享平台建设的标准

信息共享平台的标准不仅包括数据分类标准，还包括数据传输标准和电子病历模式标准等。为了实现信息共享，需要扫清电子病历内部子系统之间、电子病历和其他医疗系统在交换数据时的障碍。由于电子病历共享平台建设容易受到医疗机构基础条件、技术能力水平等影响，需要有针对不同层次的电子病历共享的方式。在传输问题上不可忽略数据统一标准，软件开发公司需要参考公认的国际标准进行整改，如医院通用的 HL7 数据标准。目前，我国也正在积极推行此标准。使用统一的标准有利于减少系统间的矛盾，使数据共享更加安全、高效。

3. 制定法律规范，加快信息化建设

医疗卫生信息系统相关标准和规范极其繁杂，医学术语超过 200 万条，同时更多的标准尚未明确，有待进一步研究。目前，医疗卫生信息系统在全国实现互联互通存在一定难度，尤其是在标准与规范层面阻力重重，尚未统一。因此，要实现医疗档案信息共享，规范和标准的制定就显得至关重要。医院在依照国家规范标准开展医疗档案信息共享工作时，对于医疗卫生行业信息化发展面临的问题与挑战，对于医疗档案建立、共享中不明确、不具体、不统一的问题，要根据实际情况制定地方性规范标准，加快实现医疗档案信息共享。此外，应尽快制定相关配套法律法规，进一步明晰医疗档案的法律效力、医疗档案信息共享范围、医疗档案共享互认的责任划分、医疗档案信息的使用权限、医疗档案信息安全及患者隐私保护等相关内容，为医疗档案信息共享提供法律依据和支持。

4. 加强信息共享的安全管理

（1）保护患者的隐私不泄露

电子系统往往会因为系统不稳定造成数据丢失或者相关信息泄露的问题，虽然可以通过技术手段解决，但是依然会有一部分的人为原因。所以必须通过相关的法律法规严格保护所有患者的个人信息，对可以接触到电子病历的人实行具体的操作权限的设置。通过设置一系列的权限，防止隐私泄露的问题。另外，还需加强网络安全，确保网络不被轻易攻击，不让黑客直接或间接地获取医疗数据。

（2）完善共享信息平台的权限设置

医疗档案的信息共享要从多个方面考量：首先，医院与医院之间的共享是必要的；其次，医院与卫生管理系统的信息共享；再次，医院与政府相关管理部门之间的共享；最后，医院与医保单位的信息共享。对于医院内部系统之间的共享，需建立规范的电子病历查阅制度，最大限度地保护患者的隐私。对于医院与外部管理系统的共享，医院要按要求定期上传患者电子病历的信息，管理系统会进行数据的整理及分析。在这个过程中，无论是谁需要调取或访问数据，都必须经过有关部门的同意或授权，授权等级也要根据实际的管理制度划分，确保医院上传的诊疗数据不轻易被人窃取及修改。当然这个权限的发放也可以结合患者本身的需求，经过患者同意方可查阅。通过设置不一样的访问权限来限制不同的用户的访问，确保患者的个人隐私得到很好的保护。

5. 防范病毒、黑客侵入

如何防范病毒与黑客的侵入，建议采取以下三项措施：一是加强网络安全、信息安全防护意识。医疗信息网络管理员必须对院内及涉及对接的院外系统非常清楚，包括各个系统的设计内容，数据库名称、地址、域名，计算机的防火墙安全设置，等等。建议医院使用安全性较高的办公软件，禁止院内计算机使用USB接口。建议医院做好外网访问的安全设置，使用户在使用外网环境时不从非正规网站下载内容，这样能避免网络病毒传播。二是对信息网络进行监控。在使用计算机的过程中，网络管理员要对局域网的多台设备进行实时监控，当出现异常情况时能及时报警，以保证计算机的网络安全。医院要做好端口及服务器的入口监测，在出现与用户操作不符的情况时监控平台能实时向管理员发送消息，并能随时定位，这样能够帮助用户规避风险。三是加强软件系统和硬件系统对接的安全防护。由于现在业务需求及政策需求不断地在改变，系统的更新频率非常高，对外的数据共享范围也越来越大，所以在进行系统对接的过程中一定要做好数据的安全防护。可以通过加密或设置权限控制使用者的人数；网络的内外线分开走；当出现病毒、黑客入侵时，能在短时间内发现问题并及时干预处理。

（九）制定工作标准，推进信息化进程

医院档案信息化作为一个长期的项目，一定要做管理的控制工作。只有做好项目进程的管理控制，才能保证档案信息化建设有序推进。这就需要在开展档案信息化工作之前就制定好相应的工作标准，并将工作标准和要求清晰地传达给档案信息化工作人员，以便工作人员清楚项目的具体要求，正确地完成分内任务，并对档案信息化工作人员的工作完成度进行评价。医院负责人还应时常激励工作人员，提高其主观能动性，提高档案信息化的推进力。然而在实际推进档案信息化建设的过程中，档案信息化工作人员毫无偏差地完成所有工作是很难做到的。无论是多么精密的计划都不能完全预防项目进行中出现的偏差。这时候，就需要对信息化工作人员出现的偏差进行分析，追索源头，多问几个为什么。只有找到问题的本源，才能对症下药，有针对性地解决问题，从而纠正工作偏差，更好地推进档案信息化进程。

（十）树立科学的档案信息化意识

档案信息化建设是我国档案事业发展的重要战略任务，也是各医院档案事业的重要战略任务，负责档案管理的部门应该认识到努力建设档案信息化的重要性以及今后管理档案的方便性，更快、更好地建设档案信息化，增强自身的责任感和使命感。

1. 树立学习档案信息化建设相关理论的意识

档案工作人员是进行档案信息化建设的主体，只有档案工作人员对档案信息化建设相关理论有充分的了解，树立学习档案信息化建设相关理论的意识，才能从根本上发挥主观能动性，进而促进档案信息化建设的长远发展。医院档案部门领导要主动研究信息化给档案工作带来的新变化，组织档案工作人员学习有关档案信息化建设的新政策和档案信息化建设的规范文件，使档案工作人员更新观念，增强信息化意识。档案工作人员必须创新工作方法，面对理念的不断变革，要用新方法对未来的发展进行规划。基层工作人员更需要具备深深的责任感和使命感，紧跟潮流，与时俱进，发挥自己最大的潜能来建设档案信息化，使档案信息化的工作成为主流。

此外，医院档案部门需要加大档案宣传力度，激发人民群众利用档案的兴趣，感受到档案记录的巨大作用，充分认识到档案工作的重要性。只有这样，档案部门才能获得人民群众对档案工作的支持。

2. 转变档案信息化建设重形式轻内容、重管理轻利用的意识

档案工作人员的信息化意识决定着档案信息化建设的进程。所以，实现档案信息化建设的首要任务是转变档案信息化建设重形式轻内容、重管理轻利用的意识。应通过紧抓患者和医疗信息开展工作，抓实工作内容。医院档案部门应加强对各科室档案业务的指导工作，确保医疗档案的齐全完整与规范化整理，积极与有关科室联系，明确文件资料的归档范围，选派熟悉业务的指导人员，加强对形成文件资料的收集、整理归档工作的监督和指导，落实责任制。

总之，医院要做好工作中形成的具有保存价值的各种文字、图表、声像、电子文档及实物凭证等不同门类、不同载体的医疗档案的收集和整理工作，加大人民群众对档案工作和档案信息化建设的关注，让人民群众了解档案工作，使档案部门能够提供更多全面可靠的档案信息，从而服务于患者，满足社会的需求。

3. 增强档案信息化建设主动提供服务的意识

医院档案部门应树立创新意识，变被动为主动。过去管理档案的方式较被动，主要是因为以往的档案大多数用于参考资料来协助工作的进行。现在信息化越来越发达，信息技术被广泛使用，档案信息化建设也不断推进。医院档案部门应坚持以人为本来谋划档案工作，重视所有涉及人的档案，重视患者的需求，坚持围绕党和国家工作大局开展档案工作，自觉为各级政府服务、为社会各项事业服务、为人民群众服务，变被动服务为主动服务，以服务带动档案工作发展。

医院档案部门应主动适应社会发展的需要，贯彻主动为人民服务的工作理念，

找准档案工作服务的最佳切入点，有选择地从服务患者角度对馆藏档案进行全文数字化，创新服务内容和方式，拓宽服务领域，将静态的档案信息开发成系统的、有价值和动态的知识信息，从而为社会服务。

此外，档案部门领导更要重视和支持档案信息化建设，围绕全院重大活动、领导决策、科室工作，充分发挥档案信息资源优势，提供档案信息服务，为全院经济和社会发展提供良好的服务。

（十一）加大医院档案管理设施资金投入

硬件设施的完备是信息化建设的基础和前提。硬件设施主要是计算机、扫描仪等现代化设备。很多医院已经基本做到病历电子化。由于过往已经形成的病历均是纸质病历，所以目前大多数医院形成电子病历采取的仍是翻拍和电子录入相结合的形式。介于以上情况，若想解决病历翻拍工作量大、新的电子病历录入缓慢等影响医院发展的问题，医院应及时维护、更新档案管理相关的软硬件设施。对此医院应根据实际情况制定科学的分配制度，改进经费管理模式，确保资金的充足。医院领导应该加大对档案工作的投入力度，无论是人力还是物力都要给予保证，加大档案信息化投入，使档案工作实现现代化管理，提高档案利用率。

1. 加大档案信息化的资金和管理投入

档案工作做得好才能够真正起到围绕中心、服务大局与促和谐、保稳定的作用。按照现在时代发展变革的趋势，档案信息化管理工作已经撑起了日常档案管理工作的“半壁河山”，未来还将继续走向现代化、科学化、系统化。医院有必要提高对档案信息化管理的重视程度，增加档案信息化专项资金和管理资源的投入。一方面是加大专项资金投入。实现档案信息化管理需要大量资金的支持，因为软件平台开发需要大量的人力、物力，开展纸质档案数字化扫描工作也需要一定的成本，再加上后期的档案信息化管理系统的日常运维和管理，都得跟上配套的资金投入。另一方面则是加大管理资源的投入。除了加大资金投入外，医院还需要将管理资源与日常管理侧重点向档案信息化管理工作倾斜，进而提高各科室对档案信息化管理的重视程度，如科室领导兼职分管档案工作，甚至是直接明确专职分管档案信息化管理工作，这样对科室档案信息化管理水平的提高起到“立竿见影”的效果，进而发挥出医院管理对档案信息化管理的推动作用。

2．完善档案信息化基础设施建设

医院在加大档案信息化管理资金投入的基础之上，需要完善档案信息化基础设施建设。

(1) 计算机软硬件设备的完善

计算机软硬件设备在档案信息化管理过程有着不可替代的作用。按照数字档案资源的特性和特点，在硬件设备采购中，需要选择储存容量较大的专用服务器，当然也可以直接利用“政务云”服务器来保存数据量特别大的数字档案资源。同时，为了确保档案信息化管理过程中的查询利用速度，查档专用计算机的中央处理器和内存条等都要尽量选择使用性能好、容量大、运行快的零部件，避免工作使用中出现卡顿和其他麻烦。在开发档案信息化管理软件时，医院应要求软件公司结合各科室使用的OA办公系统，开发与OA办公系统相配套的数字档案管理系统。当日常OA办公系统的公文流转处理完毕后，能够直接将OA办公系统的电子文件数据直接传输至数字档案管理系统归档。由医院档案部门负责牵头全院档案信息化管理软件系统和电子档案信息资源数据库建设，并同步抓好各单位的电子文件归档工作，真正实现档案的信息化资源统一集中保管和开放共享利用。

(2) 档案信息化管理的网络速率保障

网络管理员要根据外网建设实际，使用独立的带宽网络提高数字档案管理系统的网络运行速度，并保障其网络安全稳定。而开发公司的网络专员要根据政府部门的工作职责，差异性、多元化搭建专门的档案网络管理平台，提高档案查阅利用的效率。

（十二）加强档案信息化安全保障体系

在进行医院档案信息化建设的过程中，全程都需要对信息资料的安全性进行保障，防止出现信息泄露和数据库损坏丢失。需要特别注意以下三点。

第一，在信息资料的采集阶段，因为信息资料量巨大，需要将部分纸质档案采用外包方式转换为电子文件。因档案室库房面积有限，以及就近存放等原因，涉密档案资料和非密档案资料资料库均在统一楼层，同属于保密要害部位。但为了档案资料的保密安全考虑，外包人员尽量不接触涉密资料信息采集、载体转换工作。对于涉密档案资料的信息化工作尽量由本医院的档案管理工作人员亲自执行。若在信息化推进过程中，因工作量巨大做不到全部涉密档案资料由医院的涉密人员进行转化制作，则应对外包的单位进行保密资格的审查工作，确定外包单位的可靠性，与该单位和该单位参与信息采集外包的工作人员签订保密协议，并为其提供相关的保密安全培训，使其了解保密安全的要求和重要性，以及泄密的严重性和后果。此外，还要为外包工作人员寻找非要害部门的工作场所，监督限制其在接触涉密档案资料时的工作场所和活动区域，使其在限期范围内进行信息采集、载体转换工作。在进行档案信息化过程中，外包工作人员不可将档案资料带出工作场所，也不允许将可能对档案资料进行复制的电子设备如手机、相机等带入，应放入保密要害部位门口的带锁柜中，可使用工作场所中的固定电话联络。

第二，在档案信息化建设阶段性完成，且投入日常运行后，在很长一段时间里，新旧管理方式并行使用。这是为了使用户使用方便，设置用户对信息技术的适应期，也是为了对信息化效果进行评估对比。在这段特殊时期，档案管理人员对保密安全工作不可懈怠，要做好对涉密载体的台账建立、账务相符工作，制作、收发、传递、复制、使用、保存和销毁涉密档案资料的工作要符合公司的保密规定。医院档案信息化建设阶段会对电子设备有大量的需求，档案管理工作人员需要严格按照保密规定使用和维护电子设备，保证涉密计算机的主机封条的完整性。涉密计算机摆放位置和环境须符合保密规定，根据需要安装计算机信号干扰器设备。处理涉密档案资料的涉密计算机应按要求介入红黑电源（红黑电源隔离插座），且在红黑电源上不可交叉接入红设备和黑设备。在医院档案信息化建设过程中工作人员不可图一时方便，在家用计算机或者其他可连接公共网络的计算机上处理涉密信息，不可将便携式涉密计算机连接互联网。需要对档案的日常管理和档案资源信息化过程中的办公场所进行监督，保障摄像头、红外线警报器、门禁设备的正常运行，档案管理人员对每一位来到档案室的人员进行身份认定，看管个人通信设备，全程跟随服务。

第三，要做好数据库的信息备份工作，专门指定负责人定期对服务器中的电子文献和电子目录等信息进行数据备份。备份的数据不能只是打包储存，还应定期进行数据的恢复测试。对于存储信息的硬件设备、服务器的用电支持和维护保养应建立全面的负责机制，保证信息的安全，做到万无一失。

第七章 新医改背景下医院档案管理的改进

档案是医院发展的重要依据，其不仅可以将相关资料保存分类，而且可以通过合理利用推动医院建设。在当前新医改背景下，必须结合医院实际需求做好后续的管理工作，在档案管理模式和方法上进行转变，把握变革趋势，避免因此而阻碍后续的整体进程。现阶段，医院档案必须紧跟时代要求进行调整和优化，通过现代技术完善档案的获取和管理，以避免资料使用出现问题。本章围绕新医改对医院档案工作的新诉求和新医改背景下医院档案管理的改进策略等内容展开研究。

第一节 新医改对医院档案工作的新诉求

一、新医改政策实施背景

作为人口大国，我国医疗卫生领域在人民日常生活中起到举足轻重的作用。同时，由于我国卫生体系制度建设不够健全，医疗机构过于庞杂，因此卫生行业的变革成为我国改革发展的“硬骨头”。

在20世纪80年代初，我国处于医疗改革的初期阶段，在这一时期，存在医疗服务水平较低、医护人员短缺、医院诊疗技术滞后、治疗费用较高、医保覆盖面较窄等现象，群众看病仍旧是“难题”。

新一轮的医疗改革是从2009年开始的，在全国各县市逐步推行，以国务院下发中央文件《关于深化医药卫生体制改革的意见》为标志，正式拉开我国医院管理体系和财务制度的变革序幕。除吸取整合过去改革的经验，新的医疗改革涉及医院的药品耗材集中采购、薪酬制度、财务信息化建设、医疗服务定价、医保支付方式变革以及基层分级诊疗推进等方面。一系列政府工作报告文件的陆续发布，明确提出要全面推进医院改革，取消医院的药品加成（除中药饮片），打破“以药补医”机制；积极落实“两票制”药品采购，挤压药品盈利空间；改革创新薪酬制度，实现医护人员获得感的提升；加快医院信息平台建设，推进医院财务管理向精细化转变；实行动态医疗服务价格机制；实行“三医联动”，推进疾病诊断相关分组（DRG）医保支付方式，实行按病种收费等举措。

新医改的根本目的是惠及群众，解决群众的看病需求，缓解群众的看病负担，对医院存在的不合理现象起到遏制和约束作用。可见，新医改政策的提出是对医院传统运营方式的极大挑战。随着改革进程的不断推进，近年来，部分地区医院严格落实医改要求，并高效执行落地，取得了显著成效。医院积极主动地转变管理模式，回归公益性初心；一些医院取消药品耗材加成后的节约资金，用于科室发展及人员技能培训；部分省市还创新性地提出“云胶片”“远程诊疗”等应用举措，切实解决群众“看病难”问题，极大地提升了群众看病的满意度。但一些地区医院，由于缺少相关部门的警示督促以及医院协同效应较差等因素使得政策推进较慢，医改落实堪忧，群众仍存在“看病贵”等问题。

二、新医改政策的基本内容

医疗卫生体制改革作为我国改革的重要领域，关系到社会发展和社会稳定，始终是国家关注的改革重点，也是广大人民群众关注的焦点。新医改所包含的内容广泛，对医院的管理和发展提出了更多、更全面的要求。自2009年起至今，新医改政策既有不断持续深化的方面，也有随着居民健康状况的不断改善而增加的新领域，它在不同阶段呈现了不同的特点。在医改政策持续深化的过程中，医院管理向精细化、高效化转变，因而一定会影响医院今后档案工作发展的方向。

（一）持续深化公立医院改革

自2009年新医改以来，公立医院改革一直是医改的一项重要举措，国家从未松懈对这项政策的推进。国务院办公厅和医疗相关部门相继出台政策文件，针对公立医院的管理体制、运行机制、内部运行管理均提出了一系列的改革政策和措施。此次深化改革主要就是将原本粗放的管理方式改变为内涵上的、高质量的管理方式，提升管理的高效性。这对作为医院基本工作的医院档案工作提出了更高的要求。同时，要强化公立医院的内部管理，尤其是要强化公立医院的全面质量管理、成本控制制度设计和现代医院管理相关政策措施的落地，推动公立医院的集约式发展，用好每一分钱，包括政府的投入、医保的投入，以及个人的缴费，并运用大数据技术，实时监控公立医院的运行状态。

（二）推进卫生系统信息化建设

新医改方案关于“推进卫生系统信息化建设”提出了要求：一是以推进公共卫生、医疗、医保、药品、财务监管信息化建设为着力点，加快信息标准化和公共服务信息平台建设。二是加快医疗卫生信息系统建设，完善以疾病控制网络为主体的公共卫生信息系统，提高预测预警和分析报告能力，以医院管理和电子病历为重点，推进医院信息化建设。三是建立和完善药品监管、药品检验检测信息网络，加强对药品研制、生产、流通等关键环节的监督。四是医疗机构加强以门诊和住院电子病历为核心的综合信息系统建设，利用大数据技术为控制医疗质量、规范诊疗行为、评估合理用药、优化服务流程、调配医疗资源等提供支撑。

（三）进一步促进用药结构合理化

自新医改实施以来，国家致力于解决群众“看病贵”的难题。自 2009 年以来，从初步建立国家基本药物制度，到 2019 年巩固完善国家基本药物制度，取消医院药品加成，控制医院药品收入占整体收入的比例，建立科学合理的基本药物目录遴选调整管理机制和供应保障体系，鼓励出台仿制药的目录，让老百姓可以使用性价比更高的国产药。同时国家越来越重视对中医药的传承。一方面是为了保护“国粹”，复兴中华传统文化，另一方面也是对外证明了国家的软实力，从侧面增强国家凝聚力。为加强中医药传统知识保护，国家计划用六年时间编撰出版医药学专科丛书《中华医藏》，以求挖掘和传承中医药宝库中的精华，进一步利用好中医药处方，编纂制定中医药典籍、技术和方药名录。国家对于中医药使用的支持程度，更可以从中药饮片不纳入医院药品收入的规定中看出。而此项规定会促进医院对中医药饮片使用比例的提升，重塑用药结构。

（四）深入实施改善医疗服务行动计划

国家鼓励医院掌握“互联网 +”技术，促进智慧医院的建立。国务院在 2016 年提出的医改政策中要求医疗机构应围绕患者医疗服务需求，利用互联网技术扩展医疗服务空间和内容，提供与其诊疗科目相一致的、适宜的医疗服务。利用互联网技术不断优化医疗服务流程；应用智能导医分诊、智能医学影像识别、患者生命体征集中监测等新手段，提高诊疗效率；应用物联网等新技术，实现配药发药、内部物流、患者安全管理等信息化、智能化。

（五）进一步完善基本公共卫生服务项目

目前，国家基本公共卫生服务项目已经从 2009 年的 9 大类扩展到 2017 年的 14 大类 55 小项，包括了居民健康档案管理、健康教育、预防接种、0—6 岁儿童健康管理、孕产妇健康管理、老年人健康管理、高血压患者健康管理、2 型糖尿病患者健康管理、严重精神障碍患者管理、中医药健康管理、传染病及突发公共卫生事件报告和处理以及卫生监督协管服务等 14 项目内容服务。启动家庭医生签约服务，用大数据技术使健康医疗行业得到有效治理。同时，2016 年国务院发布的《关于促进和规范健康医疗大数据应用发展的指导意见》中指出，医疗机构应在 2009 年提出的促进基本公共卫生服务均等化的基础上，加强对居民健康状况等重要数据的精准统计和预测评价。2018 年，《国务院办公厅关于促进“互联网＋医疗健康”发展的意见》提出创新“互联网＋”公共卫生服务的要求，鼓励医疗卫生机构与互联网企业合作，加强区域医疗卫生信息资源整合，探索运用人群流动、气候变化等大数据技术分析手段，预测疾病流行趋势，加强对传染病等疾病的智能监测，提高重大疾病防控和突发公共卫生事件应对能力。这些政策的出台有力支撑着健康中国建设的规划和决策。

（六）推行健康文明的生活方式

2017 年 1 月 9 日，国务院颁布了《“十三五”深化医药卫生体制改革规划》，就已提及健康中国的概念。为贯彻落实《“健康中国 2030”规划纲要》和《国务院关于实施健康中国行动的意见》，2019 年 6 月 24 日发布了《国务院办公厅关于印发健康中国行动组织实施和考核方案的通知》。2021 年，《中华人民共和国国民经济和社会发展第十四个五年规划和 2035 年远景目标纲要》中有关全面推进健康中国建设的内容，把保障人民健康放在优先发展的战略位置，坚持以预防为主的方针，深入实施健康中国行动，完善国民健康促进政策，织牢国家公共卫生防护网，为人民提供全方位全生命期健康服务。多次颁布相关政策，说明现在中国全民健康意识的提高是重中之重。而作为医院特别是公立医院的医疗单位更应该义不容辞地承担起向公民宣扬健康知识的职责。医疗机构应当落实健康知识普及的责任，及时更新、更正大众健康所需要掌握的健康知识。医疗机构所宣扬的健康知识内容应涉及但不限于面向家庭和个人普及预防疾病、早期发现、紧急救援、及时就医、合理用药等维护健康的知识，还需发挥主人翁意识，将合理膳食行动、心脑血管疾病防治行动等提升大众健康意识的公益活动落实于行动上，并同步做好多渠道的舆论宣传。

三、新医改对医院的具体要求

（一）全面实行分级核算

医院是非营利性质的医疗机构，如今的医院大多实行全成本核算制，对医院内部各个科室的成本支出、设备折旧、病种支出进行监管。但一部分医院会将科室的直接费用支出在体系中核算，而间接费用未纳入其中，这样就会使医院的成本核算与预算成本不匹配。新的医疗改革要求医院的会计核算下至科室，实行分级核算，使得医院的财务管理更加科学。

（二）转变医院管理模式

在新医改背景下，医院面临着众多的机遇与挑战。财务管理的好坏对医院的健康发展和医改政策的有效实施具有一定程度的影响。在国务院出台的各项医改政策中，明确提出了医保打包付费，由国家对医院进行经济补偿，使得全体城乡居民承担较低的医疗费用。

医保付费政策体现了医院公益性的特点，也说明了医院财务管理的重心要由传统的利润中心转变为成本中心。

医院要以患者为上，提升医疗服务质量。同时，适当降低成本，不能仅依靠国家给予的财政补偿，还要积极拓宽融资渠道，保证医院的经济收益，维持自身的更好发展。资产设备是医院能够良好运行的保障，应健全医院的资产管理，定期盘查，避免资产的过早损耗。①

① 王斐，田佳，王宗强，等．精细化管理在医疗卫生体制改革中的作用[J]．现代医院管理，2014，12（02）：25–27.

（三）健全财务信息平台

由于经济社会的迅猛发展，传统的粗放型信息整合已经满足不了现在的医院财务管理要求，其数据的准确性和完整性不能得到保证，医院各个部门的数据传导不够流畅，因此医院的财务信息分析越来越精细化、专业化，医院内部相关财务数据的分析处理也开始依赖大数据平台。

从现实的医院执行情况来看，部分医院的数据处理分析能力还比较差，部门之间的财务信息不能及时共享，影响医院运营效率的提高和财务绩效的改善。

在医疗改革开始后，医院在财务数据方面所需要做出的努力就是建立健全的财务信息平台，这也是新医改对医院提出的新要求。财务信息平台的建立可以更好地考评各个科室的管理，提高医院的工作效率，对推动医院财务分析信息化、精细化的发展有着积极影响。

四、新医改对医院档案工作的诉求

在改革大潮中，任何一个领域的变革都与国家政策息息相关。医院作为新医改的对象，其管理变革的方向必须与新医改的基本精神相适应，必须与国家对医疗事业的定位判断相适应。医院档案工作是医院、医疗服务体系甚至整个社会发展的重要组成部分，因此医院档案工作应顺应社会形势的发展做出调整，应随新医改的深化而不断变革。医疗改革一直在持续进行，在不断对医院提出新要求的同时也对医院档案工作产生了新的要求。

（一）提升对档案管理的重视程度

新医改政策高度重视保障我国公民的医疗权益，并强调医院应当履行维护人民群众健康和保护人民生命安全的责任。这一政策要求医院维持良好的工作状态，以对患者负责的理念收集和共享医疗信息，及时收集并归整好医护工作档案。这有助于提高医院的档案管理水平，为医院的改革提供更加优质的环境。在实践中，医院档案管理体系的完善对于医院的发展具有重要意义。通过有效的档案管理，医院可以更好地规划和利用医疗资源，提高医疗服务的效率和质量。此外，上级卫生管理机关也可以依据医院的档案信息来划分和调配有限的医疗资源，从而更好地满足患者的需求。然而，要实现这一目标，医院需要投入更多的精力和资源来加强档案管理。这包括培训档案管理人员、建立完善的档案管理制度、定期更新和维护档案设施设备等。同时，医院还需要加强与其他医疗机构和上级卫生管理机关的信息共享和协作，实现医疗资源的合理配置和利用。

（二）提升档案信息服务能力

1. 有效服务于提升医院运行管理能力

新医改自 2009 年实施至今，深化医院改革的任务一直被放在政策首位。同时互联网进入急速发展的阶段。医院一直沿用过去的管理形式，一直是传统性的行业，从经营管理到运营决策，都需要医院来迎合整个时代的发展和变革，所以在管理理念上需要做出根本转变。如何运用好医院各类档案，使医院管理迎合新医改政策向精细化、信息化、科学化发展；如何从中提取出对医院运行、管理有帮助的信息，让医院用更少的资源做更多的事情，为深化医院改革做铺垫工作，成为医院档案工作最根本、最重要的诉求之一。

2. 有效服务于增强医院核心凝聚力

近几年，我国经济发展迅速，医院已不再是我们传统认知当中的诊所型单位。在新医改背景下，医院建设应主动向医改政策靠拢，适应政策和社会环境所提出的新要求，医院已由“以治病为中心”转为“以人民健康为中心”，其所承担的角色也由过去提供医疗救治的授予者这一单一身份转变为兼有同患者共同改善医疗环境的授予者和服务者的双重身份[①]。医院核心价值观的深化向医院提出了新的要求，只有全院职工在了解医院的历史沿革、治院理念的基础上，明白医院价值观的形成，让他们自发自觉地为医院、医疗环境建设的共同目标奋斗，进而提高全院职工的文化素质，医院的发展才得以向共同的目标前进。所以，通过深度挖掘医院档案资源内容，提高医院的“核心竞争软实力”，也是新医改背景下医院发展对医院档案工作的新要求。

3. 有效服务于提高医疗工作效率

新医改政策要求，医疗机构应加强以门诊和住院电子病历为核心的综合信息系统建设，利用大数据技术为控制医疗质量、规范诊疗行为、评估合理用药、优化服务流程、调配医疗资源等提供支撑。

---

① 葛凤丹，吕婧，张素红．新医改背景下公立医院人力资源管理的思考——以南京地区公立医院为例 [J]．产业与科技论坛，2017，16（17）：222-224．

对于一些患有较为复杂病情的患者，在当地医院已经进行过一系列检查后，有意向前往能解决疑难问题的大医院，则其需要向大医院全面提供先前所有有关病情的检查结果及病程记录、准确的检查结果，如此才能使医生快速判断患者目前的身体状况。但患者提供的医疗档案资料往往不来自同一出处，如来自A医院放射科做的CT影像、B医院检验科做的血液化验结果、C医院住院时的病历。如何在患者及其家属在没有住院相关档案准备意识或无法准备齐全相关档案资料的情况下，帮助患者获取此类医疗档案信息，提升患者服务获得感的同时提升医院医疗工作的效率，也是社会大众及新医改政策对医院档案新的诉求。

医疗档案（病案）仍是医院所拥有的数量最庞大的档案种类。在目前的环境下，虽然病历正在逐渐向全部电子化转变，但跟病历形式无关，病案复印、借阅的职能永远不会改变。如何更高效、快捷地为大众提供病案服务，增强病案室的档案服务意识仍是社会公众最基本的诉求。

（三）扩大档案信息服务范围

1. 有效服务于提高群众健康生活认知

2016年，中共中央、国务院颁布的《“健康中国2030”规划纲要》中，第五章“塑造自主自律的健康行为”以及第七章“强化覆盖全民的公共卫生服务”都规定了医疗机构应当引导居民的健康生活习惯，做好宣传。2018年医改政策中第一次提出健康国民的政策，国务院办公厅同年下发的《深化医药卫生体制改革2018年下半年重点工作任务》中，又一次提及推进实施国民健康保障工程。2019年国务院办公厅颁布的《深化医药卫生体制改革2019年重点工作任务》中第一项就是“实施健康中国行动”。2022年5月20日，国务院办公厅印发《“十四五”国民健康规划》，明确指出，强化国民健康支撑与保障，加快完善国民健康政策，持续推进健康中国建设，不断满足人民群众日益增长的健康需求。同时，在医院管理运行中，国家采用中药药品收入不纳入医院所卖药品在整个收入结构中的占比等方式大力鼓励医院使用中药处方，用中医看病治病，同时也鼓励各大医院自己研制中药处方，以发扬中医文化。从以上政策内容来看，医院用药记录以及中医药档案无论从监管实施方面还是处方编纂方面都有着进一步的需求。

同时，随着生活压力的增大、医学上对健康认知范围的拓宽，身患慢性病、处于亚健康状态的人越来越多。罹患癌症的人数也在逐年增加，数量逐年增加的原因有两个，一个是客观条件导致人的机体容易发病，另一个原因在于大家对自身的健康状况越发关心，单位、个人查体的频率大大提高，进而使发现患有癌症的概率增加。但好处是，若能发现一般都为癌症早期，那么手术治愈，或者长期带瘤生存的概率也大大增加了。新医改政策也在提倡疾病早发现、早治疗。综合以上情况，对医院如何整合、利用已有的健康处方档案，更好地向大众引导健康的生活方式、做好疾病预防的普及工作等有着进一步的要求。

2. 有效服务于医改政策执行监督体系

由于医改政策的逐步实施，医院已经形成较为完善的医改政策执行监督体系。目前，医改执行情况已列入国家对医院的绩效考核中，与国家对医院的奖惩挂钩。如何更好地收集与管理相关档案，以更便捷、有效的方式服务于上级监察机构，也是新医改对医院档案服务工作的要求。

第二节　新医改背景下医院档案管理的改进策略

一、加强软硬件的配置

新医改政策为医院管理改革指明了方向，强调医院需要大力加强现代化和信息化建设。为了实现这一目标，医院的日常工作需要体现现代化和信息化要求，并将相关技术运用到医院管理实践中。为此，医院领导及各部门应当高度重视档案信息化建设工作，给予大力支持，积极更新必要的技术设备，从而提升医院的整体运行质量。具体而言，医院需要拟定更新档案管理的信息设备的总体建设规划，围绕医院现代化改革进程配置必要的档案管理设施设备，组建在行业内具有较高水平的档案信息服务中心。同时，在第三方的支持下提高档案管理系统的智能化水平，开发可供医护人员和患者使用的档案信息查询系统，并且加强档案管理软硬件系统的安全防控，基于持续性技术设备升级来降低档案信息使用的风险，着力为各方面建立一个更加稳妥的档案运转环境。为了实现这些目标，医院需要给予档案管理必要的资金支持，并将以大数据和5G为代表的新技术引入医院档案管理体系，适应医改技术设备更新的要求，从而提高医院档案管理的整体质量。这些措施将有助于提高医院档案管理的效率和质量，为医院的现代化改革提供有力支持。

二、创新医院档案管理模式

第一，要想迎合医院档案管理的实际需求，就需要创新医院档案管理模式。对此，医院应借助数字化档案管理系统，建立基于医院局域网、面向特定区域的档案管理平台。利用档案信息系统为广大患者设立独属于其自身的诊疗卡，信息化管理患者的档案，并为其体检、转诊、就医、诊断等提供快速指导，完成患者健康信息“活档案”的建立。

一般来讲，医院可以通过建立涵盖儿保、药品管理、妇保、肿瘤科、健康体检及电子病历等各个功能模块的档案管理系统，结合医院各科室信息和患者的电子健康档案，实现全面的档案管理。当患者持有医院的诊疗卡时，医务人员可以通过档案管理系统完成诊疗档案信息的获取，并参考其以往的辅助检查、干预治疗、疾病诊断和体检等结果，为其提供更为精准的治疗。同时，通过对医生的诊疗方案进行有效的监督，可以有效解决新医改政策中的“看病难”和“看病贵”问题。此外，通过引入以大数据和5G为代表的新技术，医院可以更好地实现档案信息的智能化管理和查询，提高档案管理的效率和质量。这些技术还可以提供更加精准的医疗决策支持，促进医院的现代化改革和发展。

第二，做好医院档案的宣传工作。积极开发医院专属App并利用新媒体平台进行医院档案工作的有效宣传，是拓展医院档案服务范围、提高服务水平的重要举措。通过开通“两微一端”平台，即微博、微信公众号、新闻客户端等，可以更好地满足患者和医务人员的需求，促进医院的现代化改革和医疗卫生事业的进步。具体而言，医院专属App可以为患者提供更加便捷的医疗服务，如在线预约、电子病历查询、健康管理等功能，提高医疗服务的质量和效率。同时，医院专属App还可以为医务人员提供更加详细的患者信息和诊疗记录，方便医生进行更加准确的诊断和治疗。通过新媒体平台，医院可以进行档案工作的有效宣传，提高患者和医务人员对医院档案工作的认识。例如，在微博和微信公众号上发布医院档案工作的相关资讯、政策和服务信息，让更多的人了解医院档案的重要性和作用。此外，医院还可以通过新闻客户端进行宣传，向更多的社会大众传递医院档案工作的价值和意义。

第三，搭建基于互联网的档案管理平台是医院现代化管理的重要举措，而在此过程中，遵守相关法律法规是必须坚守的“红线”。档案管理员在参与构建档案管理平台时，必须积极学习相关法律知识，坚持走法治化建设道路，确保档案信息化、数字化建设实践在法律范围内。

另外，在为患者提供远程服务时，可能会出现内外网联用的情况，为了使信息安全得到进一步保障，应在特定区域范围完成定向档案服务的提供，并非无条件地使用档案，而且关于档案的利用，要设置特定访问权限。同时保证使用人员能自觉遵守档案使用要求，从而将患者的隐私保护更好地落实。

随着时代的不断变化，医疗卫生事业大刀阔斧地进行着改革，也需改革创新医院的档案管理工作，如此才能使医院持续为广大人民提供优质、便捷的服务。随着互联网的飞速发展，医院档案管理出现了新的特征，但也随之带来了一些新的问题，为了有效发挥档案管理的作用，需要相关人员具体分析问题，并据此探索可行的应对策略，从而保证医院档案管理工作稳定、高效开展，始终保持良好的可持续发展势头。

三、建设档案数字化管理平台

第一，在建设医院档案数字化管理平台时，医院档案管理部门应该安排专业的技术人员进行设计和管理，以确保建立科学合理的档案数字化管理系统。第二，档案管理人员必须及时更新医院档案资源库，积极开发有效的管理模式，重视平台监督与平台排查，从而对错误的数据进行及时修正。第三，负责技术的人员要重视管理系统智能化和操作的性能，保证平台稳定和高效运行，运用信息化管理对档案资料进行高效调取，通过档案数字化管理平台有效共享，为医疗档案的转入与迁出提供方便。

在构建档案数字化管理平台时应该把握好三个方面：一是构建医院局域网中的档案管理网络，这有利于建立档案电子资源库，使档案管理能够从人工记录向数字化管理形式转型。通过局域网，可以更方便地传输和共享档案信息，提高档案管理的效率和准确性。二是实现医院内部信息平台与重点档案网络平台的对接，通过信息共享，可以利用平台筛选、分析、整合以及收集档案，使档案管理更加智能化和精细化。这不仅可以提高档案管理的效率，也可以让更多的医务人员和患者方便地获取所需的档案信息。三是根据档案管理中文件的重要性对档案进行独立保存。对于重要的档案，如管理试点、科研立项等内容，应该实施分项管理。这有助于更好地保护和保存重要档案，确保其安全性和完整性。

四、提升档案管理者的档案意识

医院管理者一定要从医院的长远发展入手，对档案管理有清晰的认知，这样医院在未来才能有更好的发展。医院档案管理者和普通医护人员都要在思想上引起重视，使医院档案管理朝着规范化的方向发展，这样医院档案管理工作才能够获得更多的支持，朝着积极、主动的方向发展。当医院全体工作人员不断提高对档案管理的重视程度时，档案管理工作就逐渐演变成人们的一种自觉行为，档案管理就会从被动接收转化为主动进行。医院也可以借助相关的方法提高医院工作人员对于档案管理的重视程度。由医院领导牵头，中层管理人员、基层医护人员共同参与，构建医院档案管理规范制度，形成自上而下、纵横交错的档案管理网络，构建医院全方位的档案管理体系，同时还要确保相关的环节都能够落实到人，使档案管理的水平得到切实提升。

五、转变医院档案管理工作理念

在医院进行档案管理工作的过程中，医院必须满足我国新时代社会发展对于医院档案管理的基本要求，并要采取精细化的档案管理工作方法，将现有的工作模式进行系统性更新。通过这种方法可以提升医院档案管理工作的效率，还可以帮助医院档案管理工作人员缓解工作压力，使其以良好的精神状态投入工作中，提升医院整体的精神面貌。

同时，医院通过采取精细化的档案管理工作手段，转变传统的将纸质版档案管理归档的思路，使档案管理可以得到技术层面的革新，注重将音频、图片、影视资料等一系列的信息数据进行保存和归档，确保医院档案管理资料的完整性，提升后续档案资料的应用质量，为医院的领导层决策提供重要的参考依据，有效提升档案资料的开发效果。

除了以上提到的几点，规范档案管理工作的保存方法也是非常重要的。医院需要明确档案管理的相关内容，包括档案的收集、整理、保管、利用等各个环节的操作流程和责任，确保档案管理的规范化。同时，对于纸质版档案的管理，需要定期进行除湿处理，防止因湿度过大导致档案出现字迹模糊的情况，确保医院档案管理工作的完整性。在档案管理过程中，如果因为管理不当造成信息的破损或丢失，需要及时联系相关负责人和档案当事人，尽快补齐丢失的信息，确保档案的完整性和准确性。只有经过确认无误后，才可以将其保存，以确保后续应用的顺利进行。此外，对于医院来讲，提升档案管理人员的素质也是非常重要的。医院需要加强对档案管理人员的培训和管理，提高档案管理人员的专业素质，确保档案管理工作的高效和准确。同时，医院也需要加强对员工的教育，提高全体员工的档案意识，使得档案管理工作更好地开展和落实。

六、建立健全医院档案管理制度

建立健全医院档案管理制度对于医院档案管理工作的高效开展至关重要。随着科学技术的迅速发展，医院档案管理制度建设应当与时俱进，以适应新时代背景下档案管理工作的需求。以下是建立医院档案管理制度的关键步骤。

设定明确的目标：明确医院档案管理工作的目标，是建立高效、有序、规范的档案管理制度的基础。医院应根据自身实际情况和发展需求，设定明确的档案管理目标，并以此为指导，制定相应的档案管理规章制度。

建立完善的档案管理制度体系：医院应结合自身实际情况，建立完善的档案管理制度体系，包括档案整理制度、档案保密制度、档案收集制度、档案数字化制度、档案信息化制度等相关制度。这些制度应涵盖档案管理的各个方面，明确各项管理流程和操作规范，确保档案管理工作的规范化、标准化。

重视档案收集工作：档案作为医院工作中的原始记录，承载着医院从建立到发展的整个过程。因此，及时收集、归档医院档案至关重要。医院应建立科学合理的归档流程，明确归档范围、时间、方式等要素，确保档案的真实性、完整性和及时性。

强化培训和教育：针对档案管理人员的培训和教育应当常态化、系统化。通过定期开展各类培训和教育活动，提高档案管理人员的专业素养和技能水平，强化其对于档案管理规章制度的理解和执行能力。

实施有效的监督：为确保档案管理规章制度的执行效果，医院应实施有效的监督机制。通过定期检查、考核等方式，对档案管理人员的日常工作进行评估和监督，及时发现和纠正档案管理中的问题，促进档案管理工作的持续改进。

七、完善医院的档案管理工作机制

医院的档案管理工作与医院自身的发展之间属于互相促进、相辅相成的良性关系，医院要想实现自身的可持续发展，必须坚持做好医院的档案管理工作，以认真的态度严肃对待工作，细心地处理每一项内容，从而使档案管理人员及时发现医院存在的问题，找出解决这些问题的措施，有效弥补医院管理存在的漏洞，完善医院的档案管理制度，从而实现医院的可持续发展。

此外，医院还可以从以下几个方面落实相关工作。

一是加强对档案管理人员的培训和教育。档案管理人员的专业素质和技能水平对于档案管理的质量和效率有着至关重要的影响。因此，医院可以定期组织档案管理培训和学习活动，提高管理人员的专业素质和技能水平，使其能够更好地应对档案管理中的各种问题和挑战。

二是建立完善的档案管理流程和标准。医院可以结合自身的实际情况，建立完善的档案管理流程和标准，明确各个环节的责任和操作流程，确保档案管理的规范化和标准化。同时，还可以引入现代化的档案管理技术和工具，提高档案管理的自动化和智能化水平，减少人为错误和疏漏。

三是建立档案安全保障体系。档案是医院的重要资产和历史记录，必须确保其安全性和保密性。医院可以建立档案安全保障体系，采取各种技术手段和管理措施，防范黑客攻击、数据泄露等安全风险，确保档案的完整性和安全性。

四是建立档案管理监督和评估机制。医院可以建立档案管理监督和评估机制，定期对档案管理工作进行评估和检查，发现和纠正档案管理中的问题和不足之处，推动档案管理的持续改进和提高。

总之，医院可以从多个方面入手，落实相关工作，提高档案管理的质量和效率，为医院的各项工作提供更好的支持和保障。

八、多部门联合促进档案信息化发展

当前，医院在推进档案信息化发展的过程中，需要积极借助先进的技术，认识到新医改的优势，有效解决医院档案管理中的各类问题，打破当前存在的“档案信息孤岛”的情况，为医院档案信息化建设打下坚实的基础。另外，在实际发展过程中，医院更应实施有效的统筹规划，积极联合多部门建设配套体系。具体来说，建设配套体系需要从以下几个方面入手。

加强对档案管理的实际需求条件的全面分析，了解医院档案信息化发展的现状和存在的问题，为构建配套体系提供依据。

借助云计算技术，构建电子化和数字化医院档案管理信息系统，实现档案信息的快速、高效、安全存储、管理和共享，提高档案的利用效率。

规范管理软硬件平台，确保档案管理信息系统的稳定性和安全性，保障档案信息的安全和保密性。

前端控制电子文件信息，加强对档案数据的保密工作，防止电子文件信息的泄露和损坏，确保档案信息的完整性和安全性。

构建同居民健康档案和乡村社区卫生信息系统间的联系，实现档案信息资源的共享和利用，为医疗服务和健康管理提供更加全面和准确的信息支持。

总之，建设配套体系是推动医院档案信息化发展的重要措施，需要从多个方面入手，不断提升档案信息化发展水平，为医院的各项工作提供更好的支持和保障。

九、加强云技术在医院档案管理中的应用

（一）调整管理方案，优化管理流程

云技术的应用给医院档案管理工作带来了许多便利，但也带来了新的挑战。由于管理模式和管理载体的变化，传统的档案管理方案可能无法完全适用于云技术下的档案管理工作。因此，为了充分发挥云技术在医院档案管理中的作用，需要积极调整和优化档案管理方案。

首先，医院需要加强对云技术的了解和研究，了解云技术的优势和局限性，并根据实际情况制订适合的档案管理方案。同时，还需要对现有的档案管理流程

进行优化，将传统的管理流程与云技术相结合，以实现更高效、更便捷的档案管理。

其次，医院需要选择合适的云服务提供商，并与其合作制订适合的档案管理方案。云服务提供商的专业知识和技术能力可以为医院提供更好的技术支持和服务，确保医院档案管理在云技术下的安全性和可靠性。

此外，医院还需要加强对档案管理人员的技术培训，使其能够熟练掌握和使用云技术进行档案管理。这不仅可以提高档案管理效率，还可以减少因操作不当而引起的安全问题。

最后，医院需要加强对档案管理的监督和评估，及时发现和解决问题。在云技术下的档案管理中，安全性和隐私保护是重要的考虑因素，医院需要采取相应的措施来确保档案的安全性和隐私性。

（二）优化顶层设计，完善云端功能

云端平台的设计是云技术在医院档案管理中实现有效运用的关键，决定着云技术在医院档案管理中的应用效果，需要相关人员明确了解云端架构的具体内容。

根据当前医院档案管理工作的需求，将云端架构分为四层：第一层为医院的信息储存层。该层是云技术应用的基础层级，包含医院的储存设备设施、电子数据库、多媒体设备与电子档案等。通过网络将各医院产生的数据资源进行整合，并运用微储存技术进行网络连接，从而形成大型数据存储空间。第二层是医院的电子数据管理层，也是云技术应用下的核心层级。其主要功能是运用云计算和其他网络技术以及文件系统，对线下储存设备设施中所产生的医院数据信息进行协同收集。相比传统的档案管理模式，云技术的应用可以极大提高医院档案数据信息的收集效率以及传播速度。第三层为服务的端口层，主要面向用户，通过用户与档案云端之间的衔接，保证医院档案资源能够得以有效利用，使用户的实际应用需求能够得以满足。第四层为用户的访问层，由简单的互联网端口、网站和客户端构成，是用户访问的主要途径，通过获得云端授权或者相关政策信息自由访问医院。其具体应用流程为登录云端平台，完成信息注册，对账号进行激活，登录网站创建属于个人的 ID 代码，再进入档案储存、管理、查询等功能性操作。

参考文献

[1] 贾玮娜．档案管理系统的设计与实现 [M]．长春：吉林文史出版社，2017．

[2] 莫求，杨佐志．档案管理工作的实践、探索与研究 [M]．长春：东北师范大学出版社，2017．

[3] 李东红．新时代背景下的档案管理与创新 [M]．北京：经济日报出版社，2017．

[4] 喻颖．互联网时代会计档案的信息化管理研究 [M]．长春：东北师范大学出版社，2017．

[5] 张鑫．现代档案管理实例分析 [M]．北京：科学技术文献出版社，2018．

[6] 刘亚静．档案管理信息化与自动化探索 [M]．天津：天津科学技术出版社，2018．

[7] 王世吉，唐宁，周雷．现代档案管理理论与实践 [M]．延吉：延边大学出版社，2018．

[8] 高大岭．固定资产投资项目档案管理理论与实践 [M]．北京：航空工业出版社，2019．

[9] 谭萍．基于大数据环境下创新型档案管理与服务研究 [M]．长春：吉林人民出版社，2020．

[10] 卢捷婷，岑桃，邓丽欢．互联网时代下档案管理与应用开发研究 [M]．北京：北京工业大学出版社，2021．

[11] 周杰，李笃，张淼．文书工作与档案管理 [M]．延吉：延边大学出版社，2021．

[12] 潘美恩，廖思兰，黄洁梅．医院档案管理与实务 [M]．长春：吉林科学技术出版社，2022．

[13] 毕然，严梓侃，谭小勤．信息化时代企业档案管理创新性研究 [M]．北京：新华出版社，2022．